アイヌ、風の肖像

宇井眞紀子［写真・文］

新泉社

北海道・二風谷（にぶたに）の集落の前を
流れるシシリムカ（沙流川さるがわ）

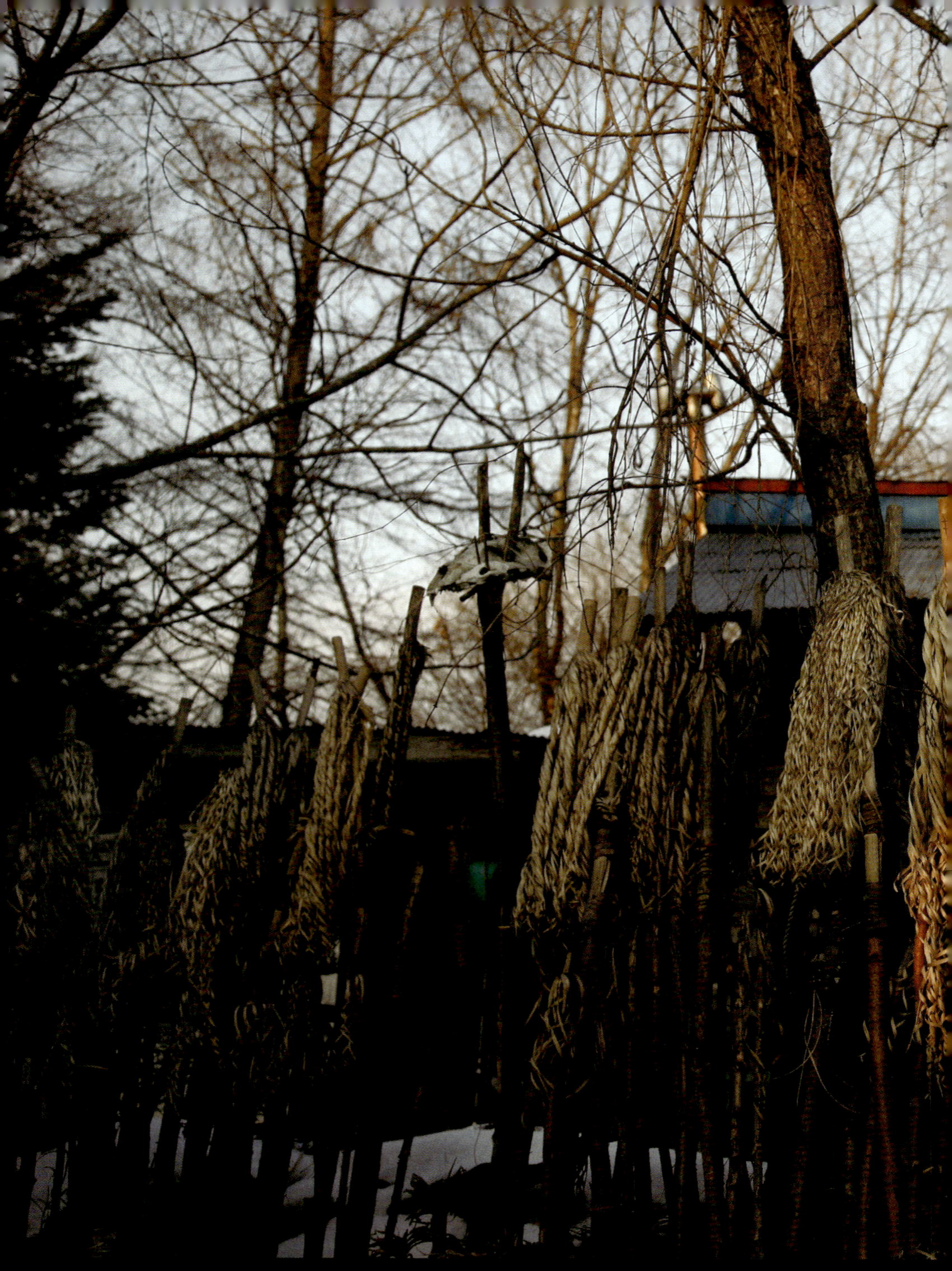

アシリレラさんの家の前にあるヌサ(祭壇)

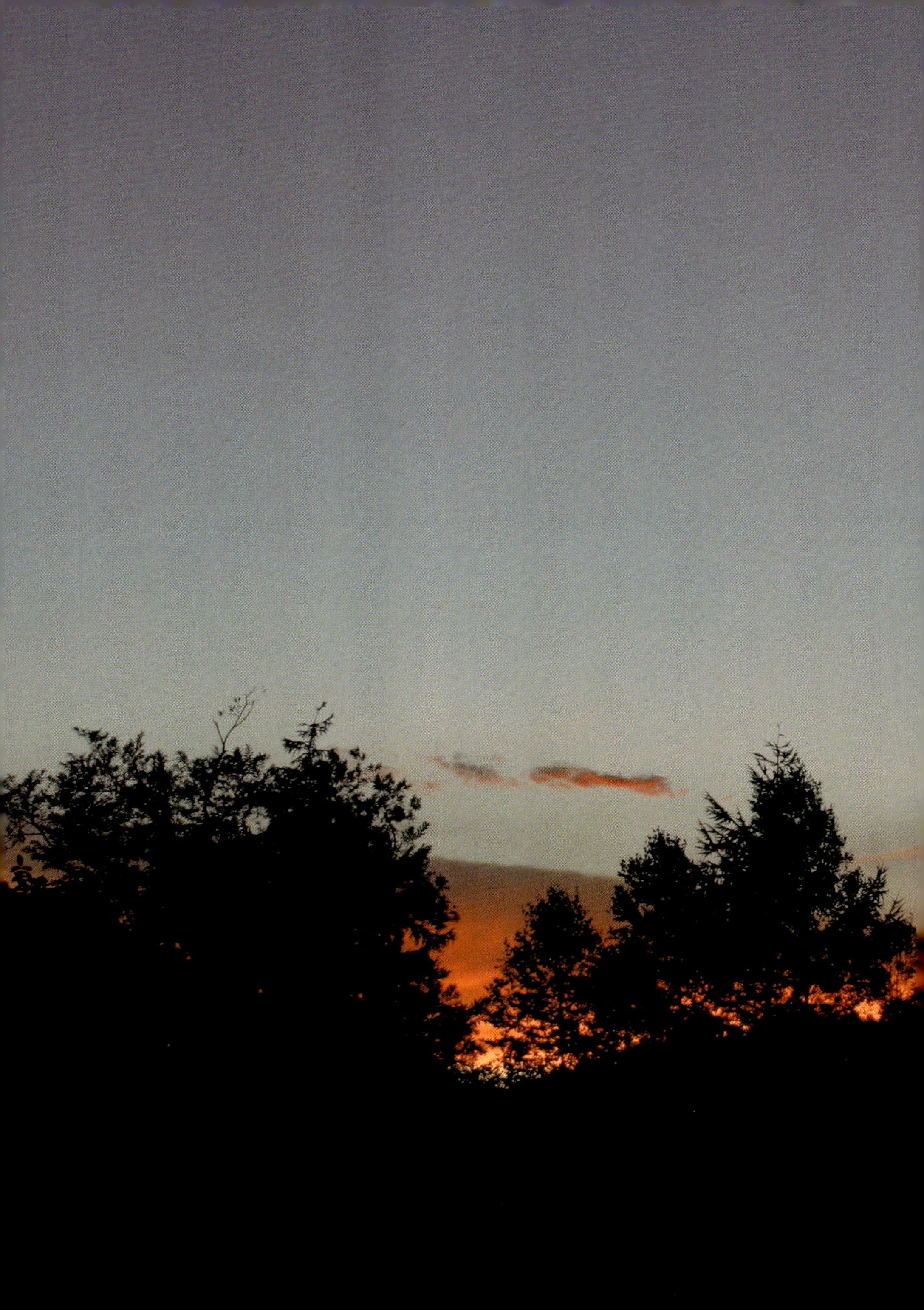

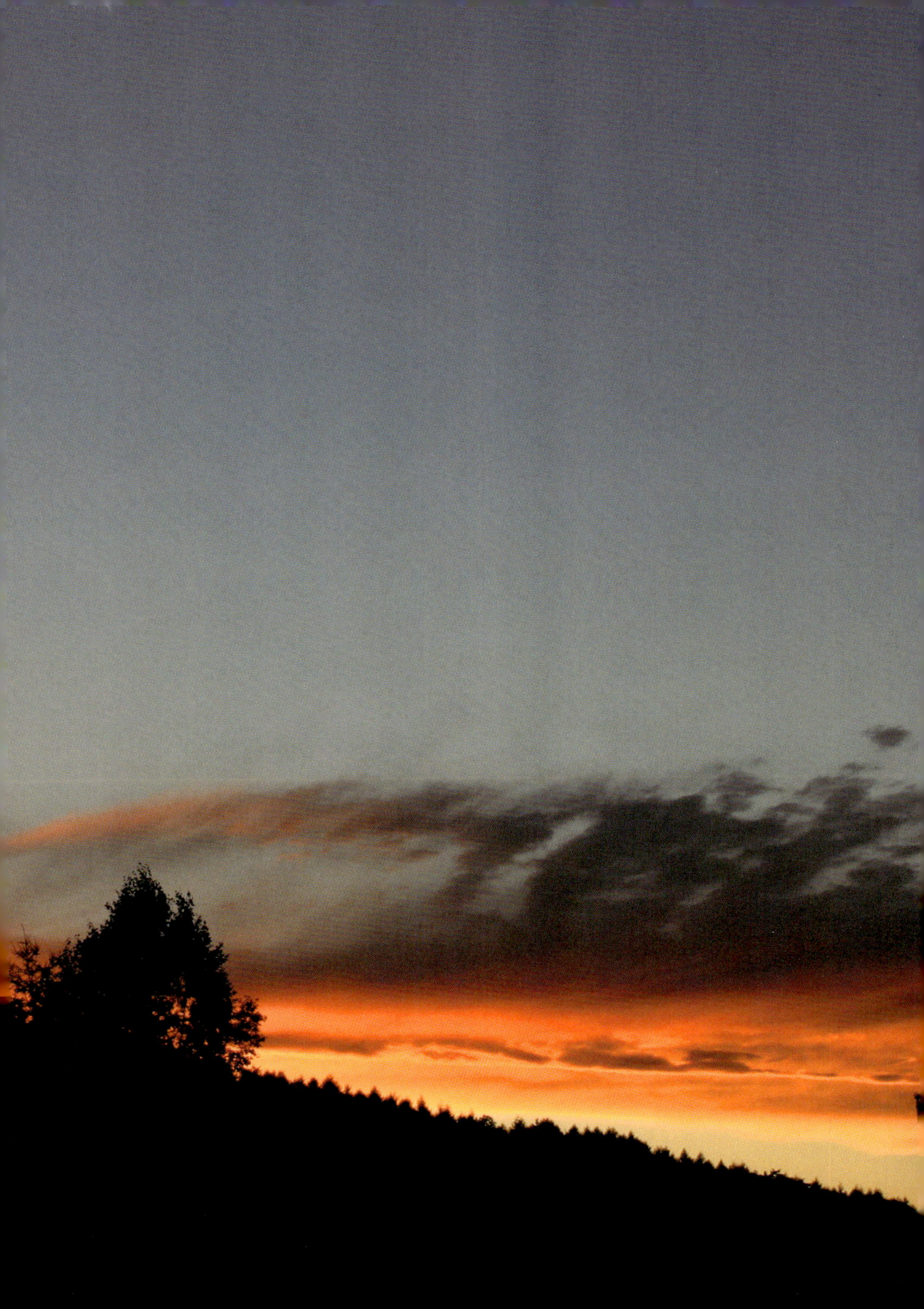

アシリレラさん。
それは、アイヌ語で「新しい風」の意

I アシリレラと子どもたち

北海道・二風谷(にぶたに)の山ぎわの一角にある、そこだけタイムスリップしたような空間。
伝統的な茅葺きのチセ(家)が建ち、アイヌ女性の山道康子(アイヌ名アシリレラ)さんを中心に
日本全国や海外から集まった老若男女が、アイヌ文化を学びながら共同生活を送っている

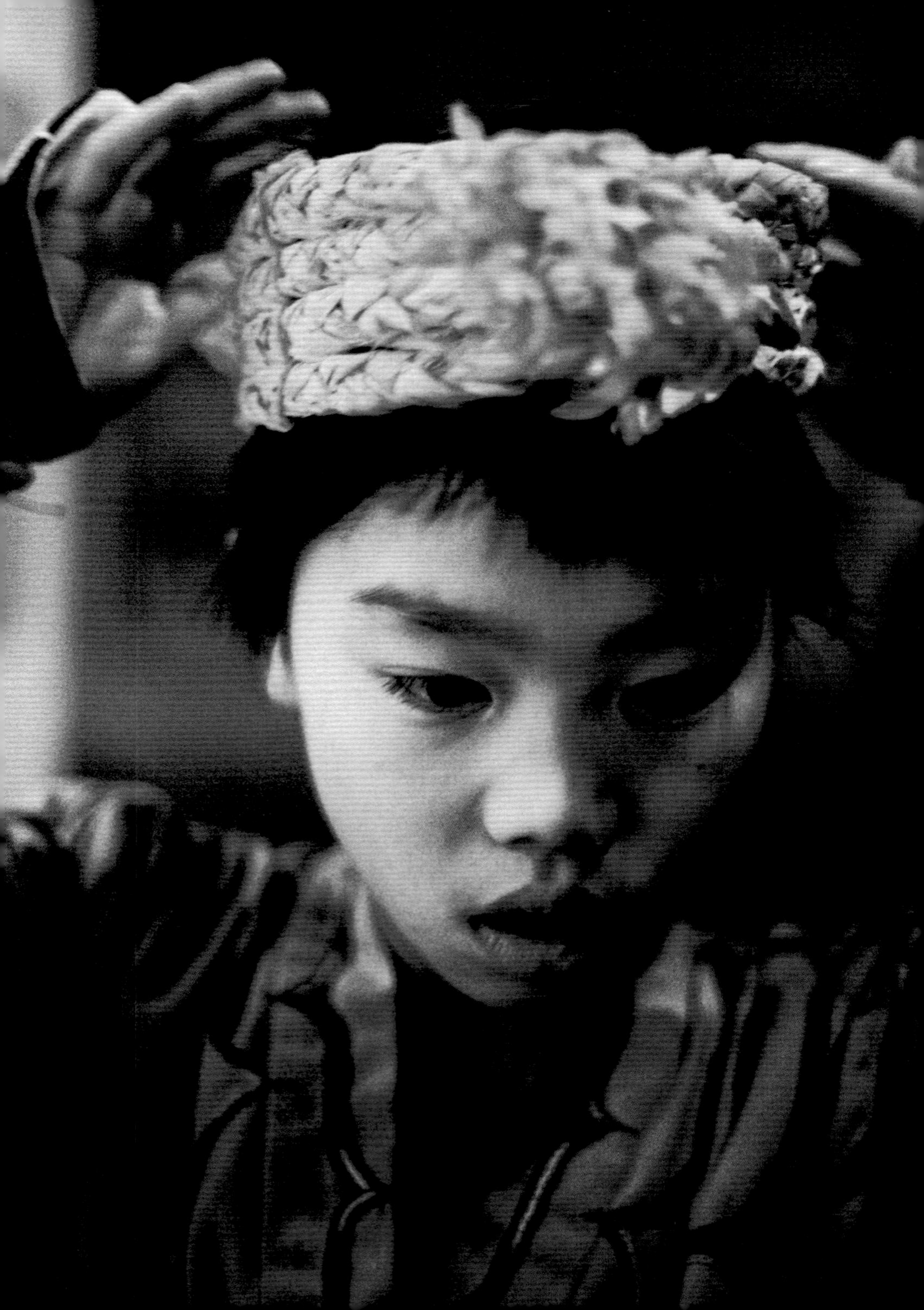

アイヌ文様の刺繍をする

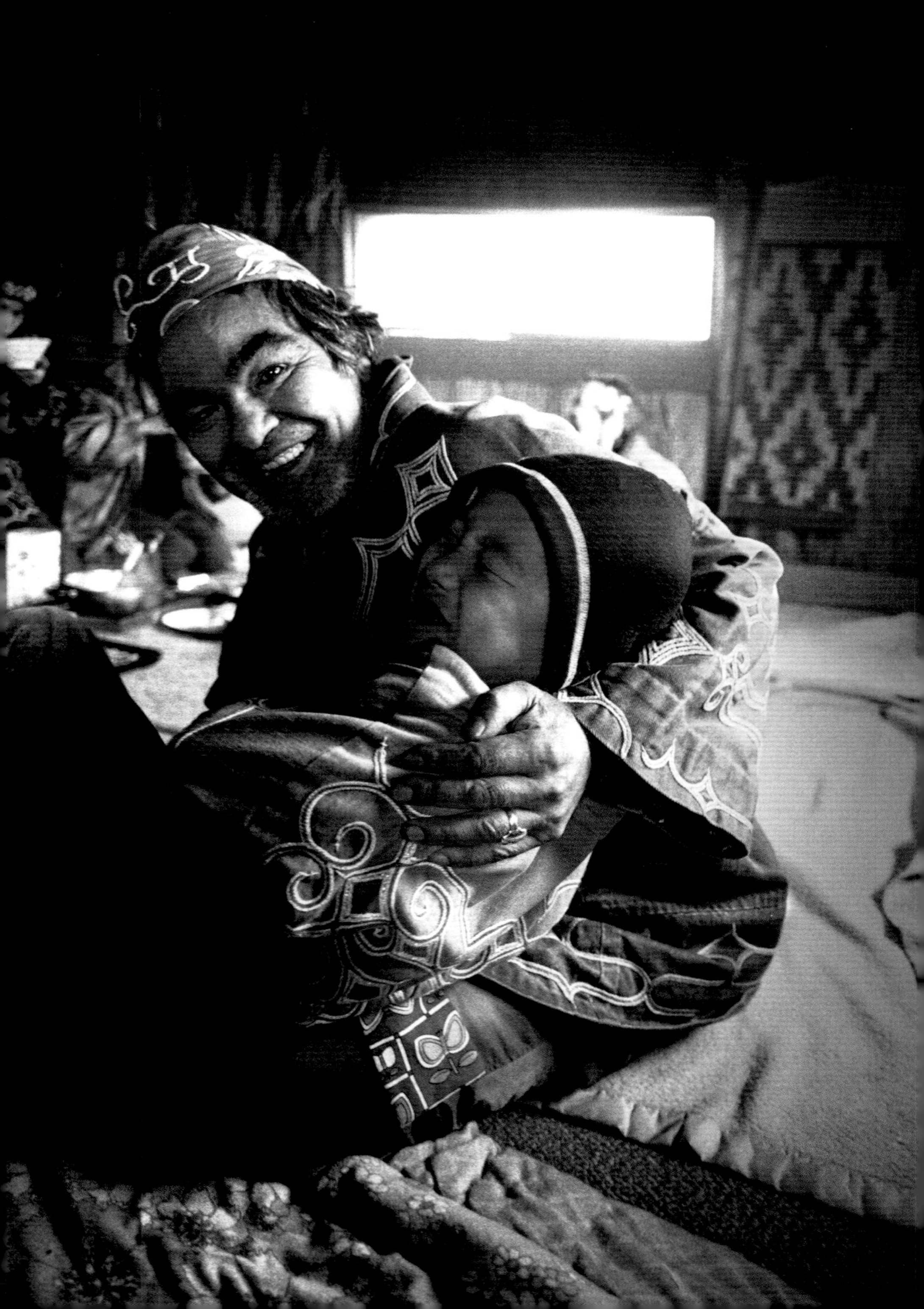

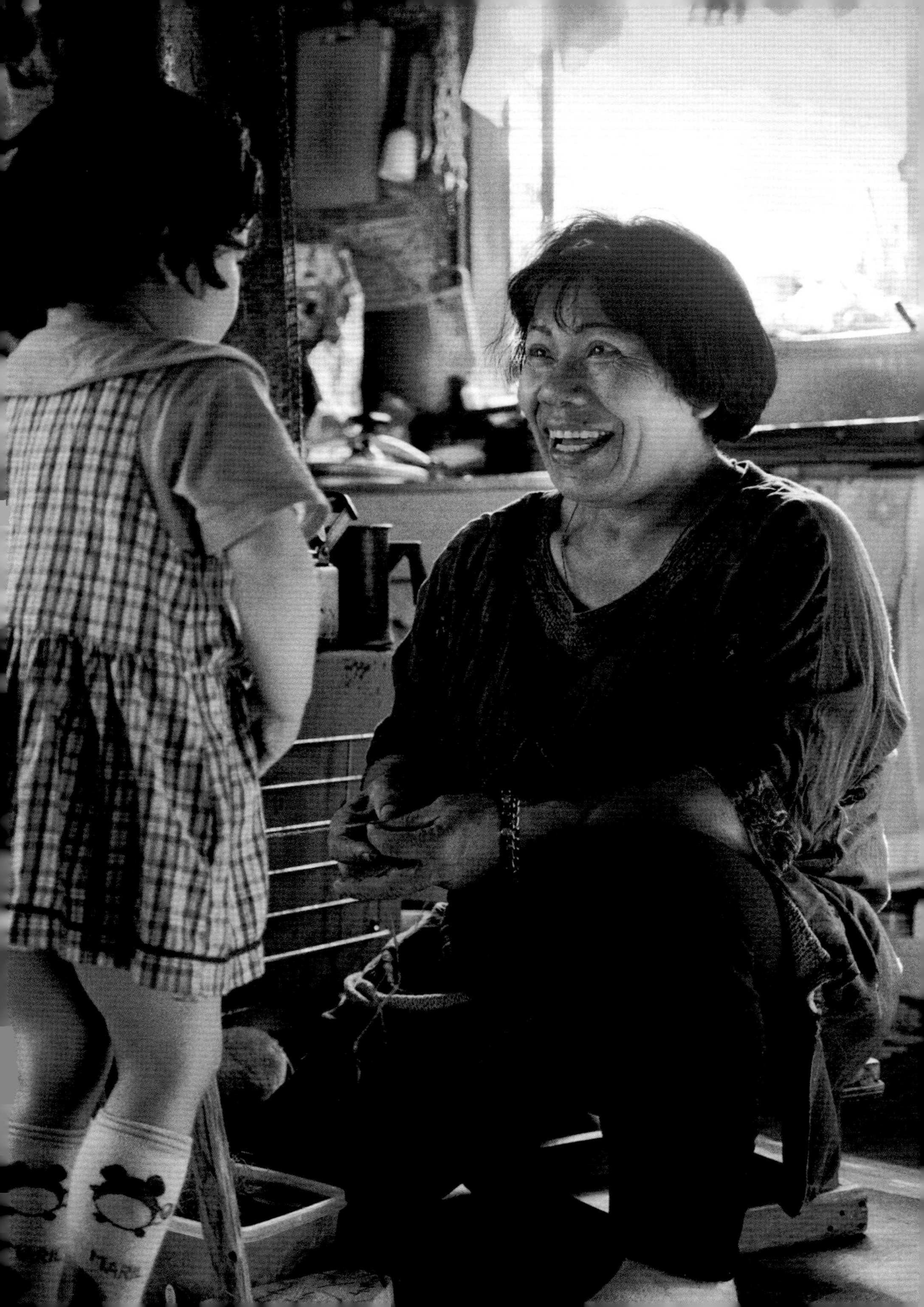

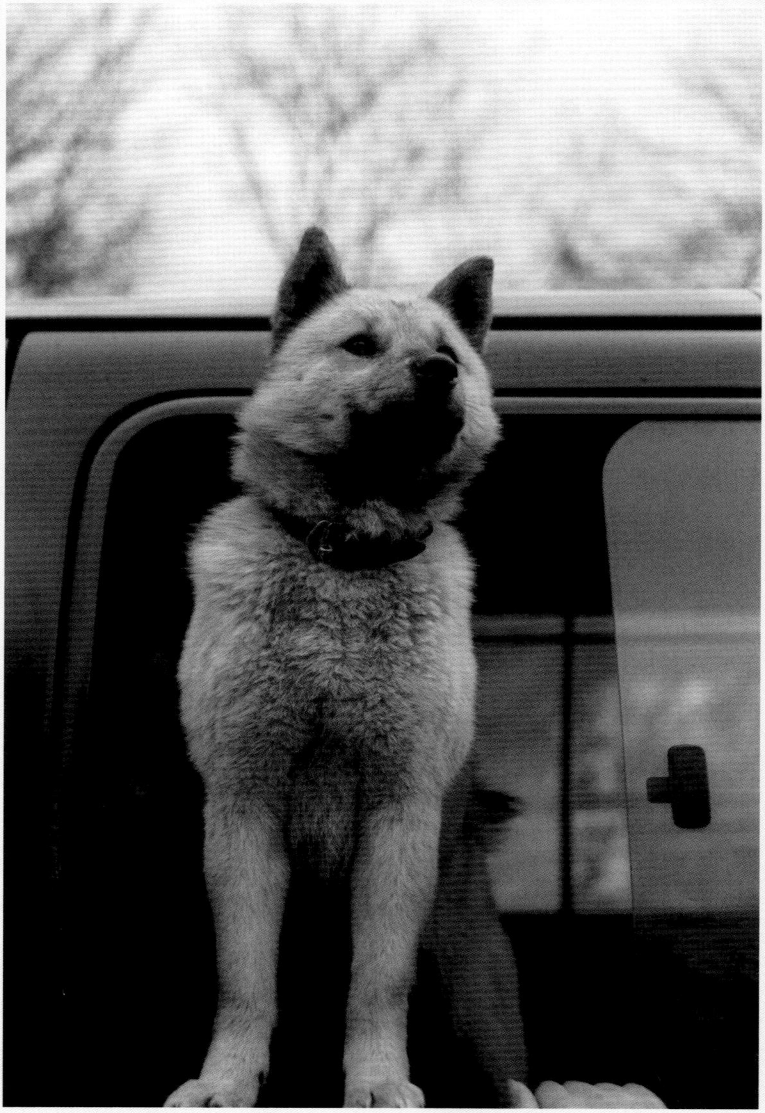

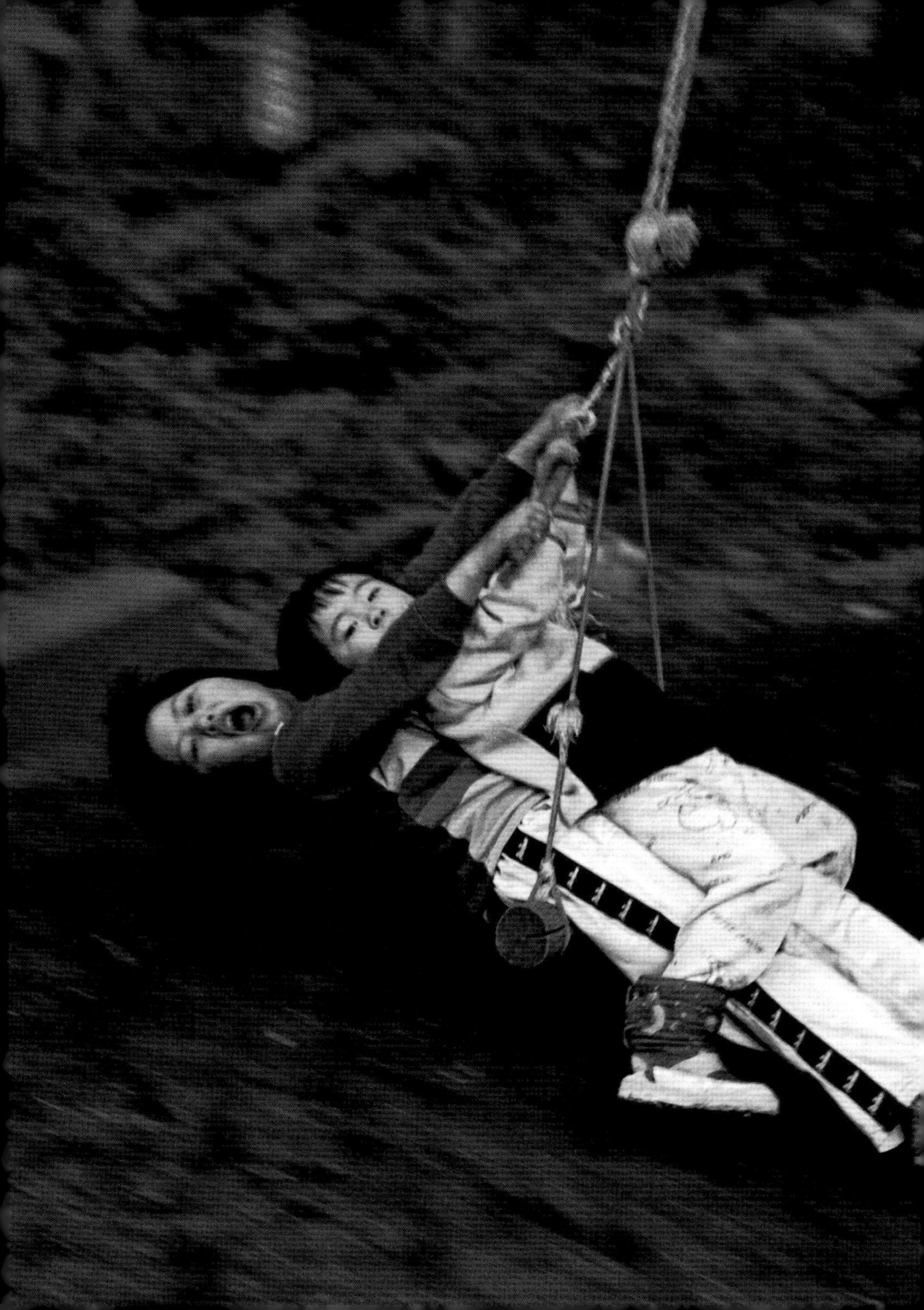

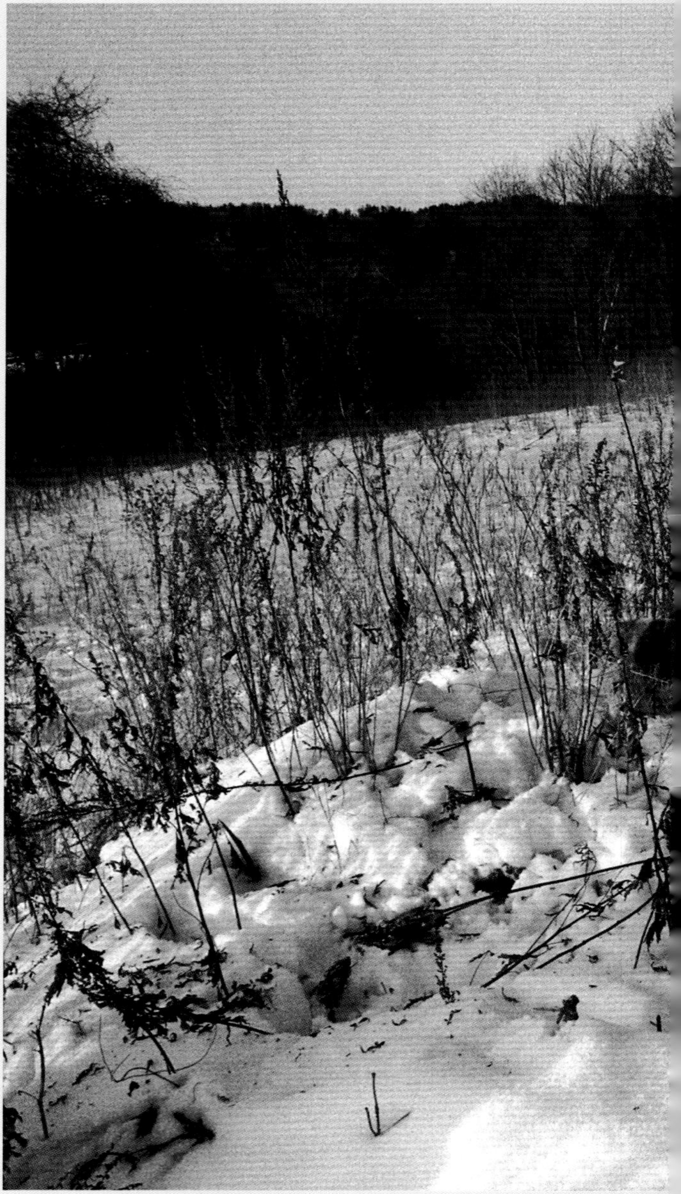

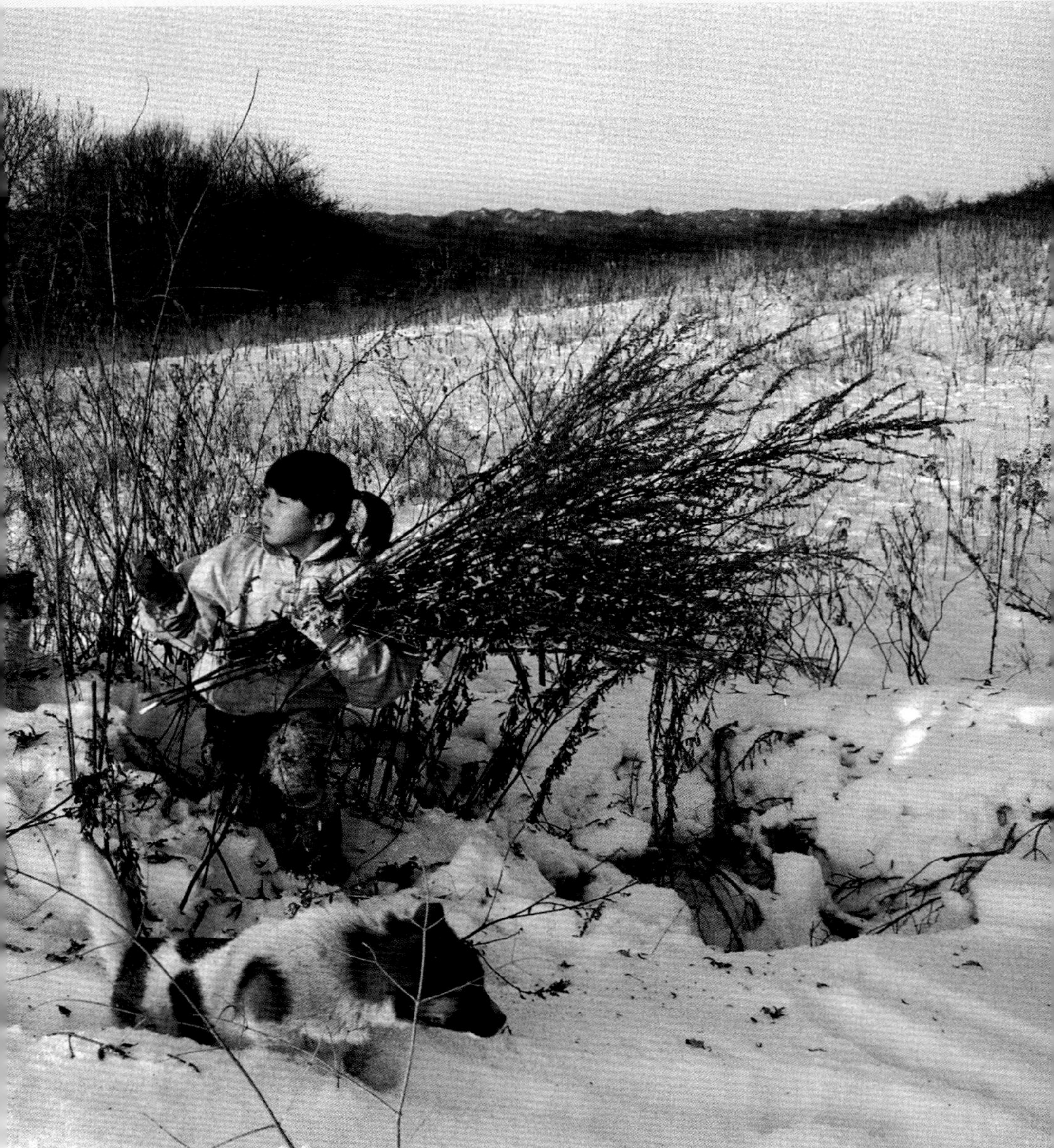

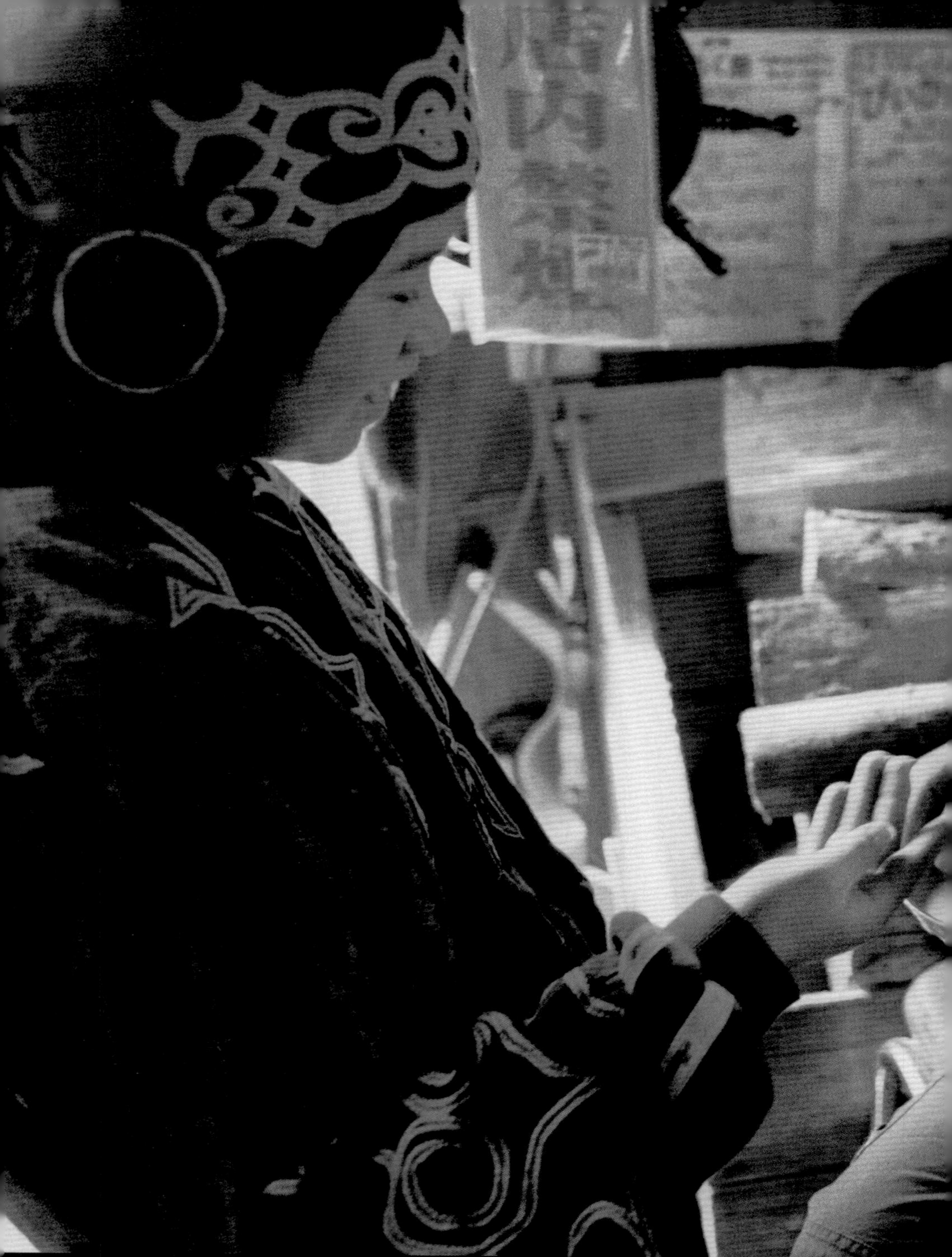

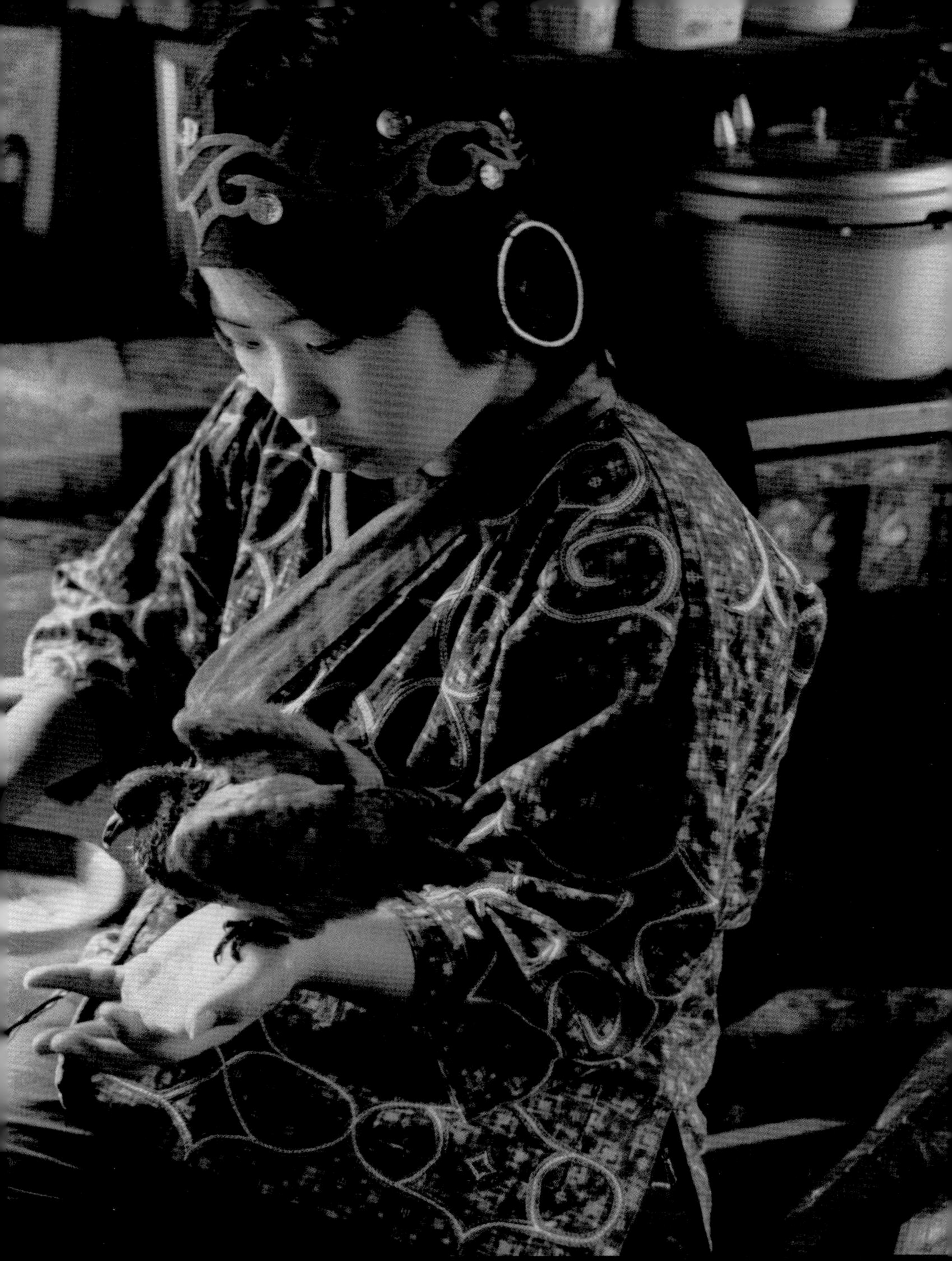

ginal and islander children's day 4t
stolen generations
augu

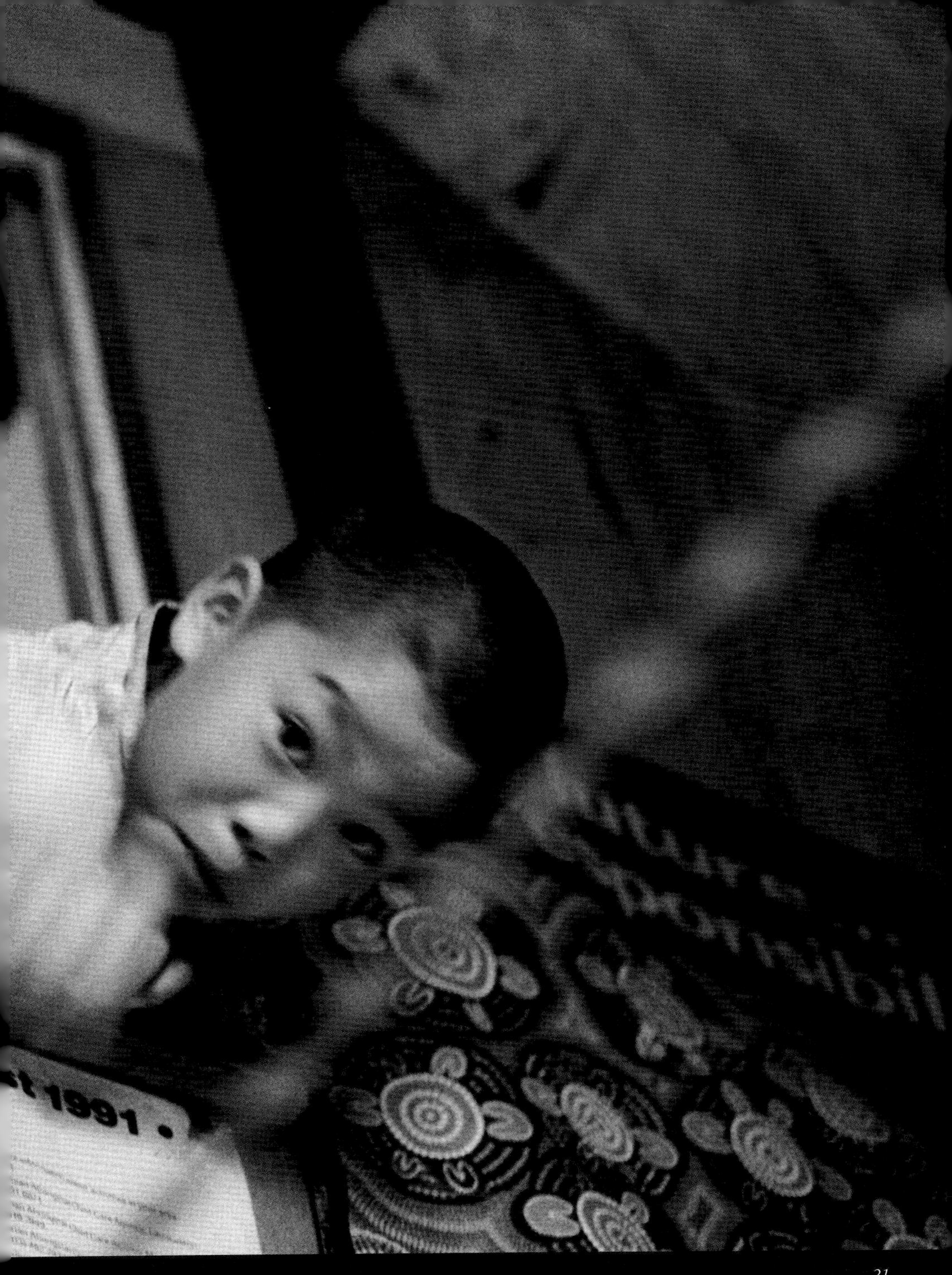

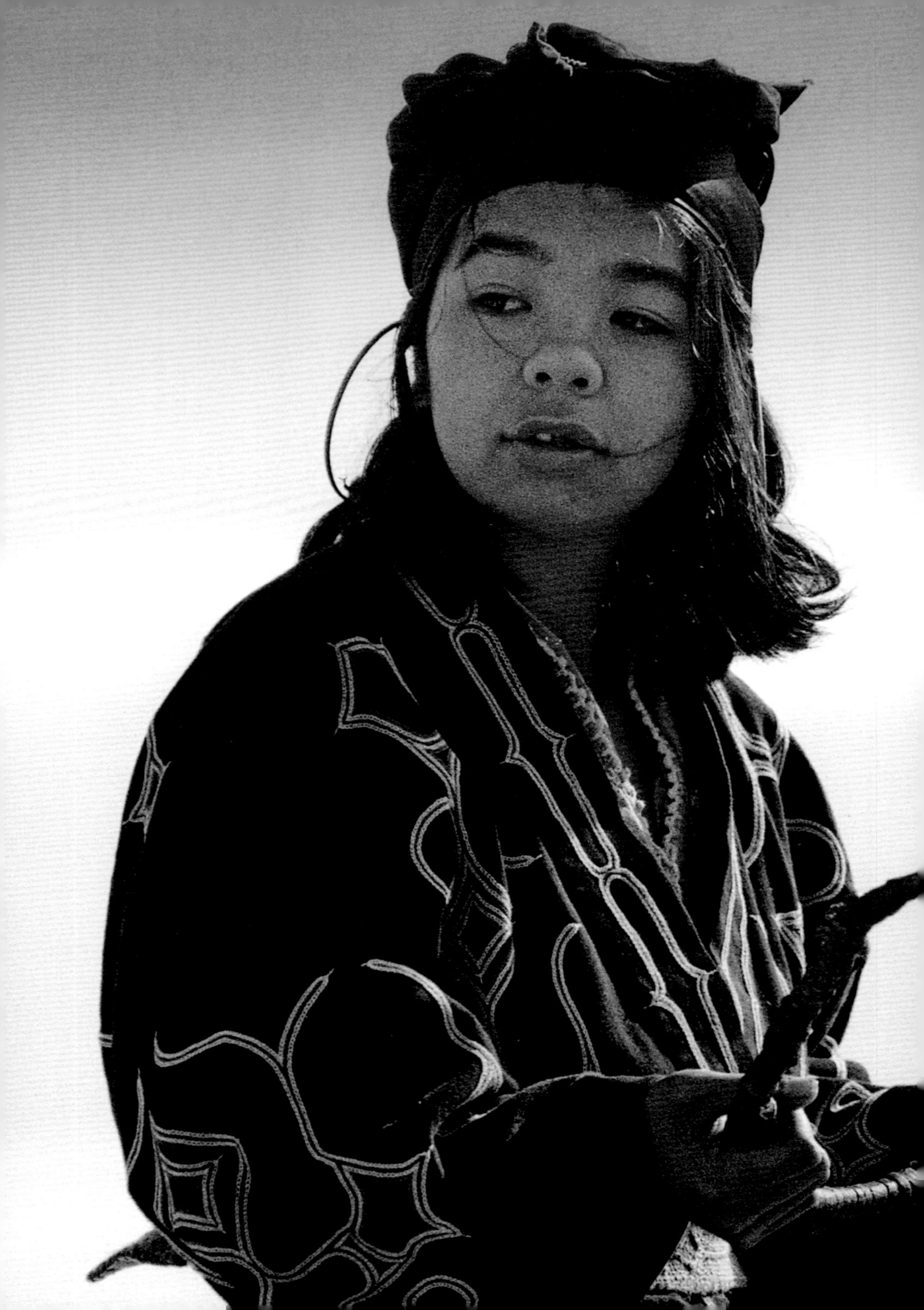

ク リムセ（弓の舞）を踊る少女。もともとは男の踊りだったもの

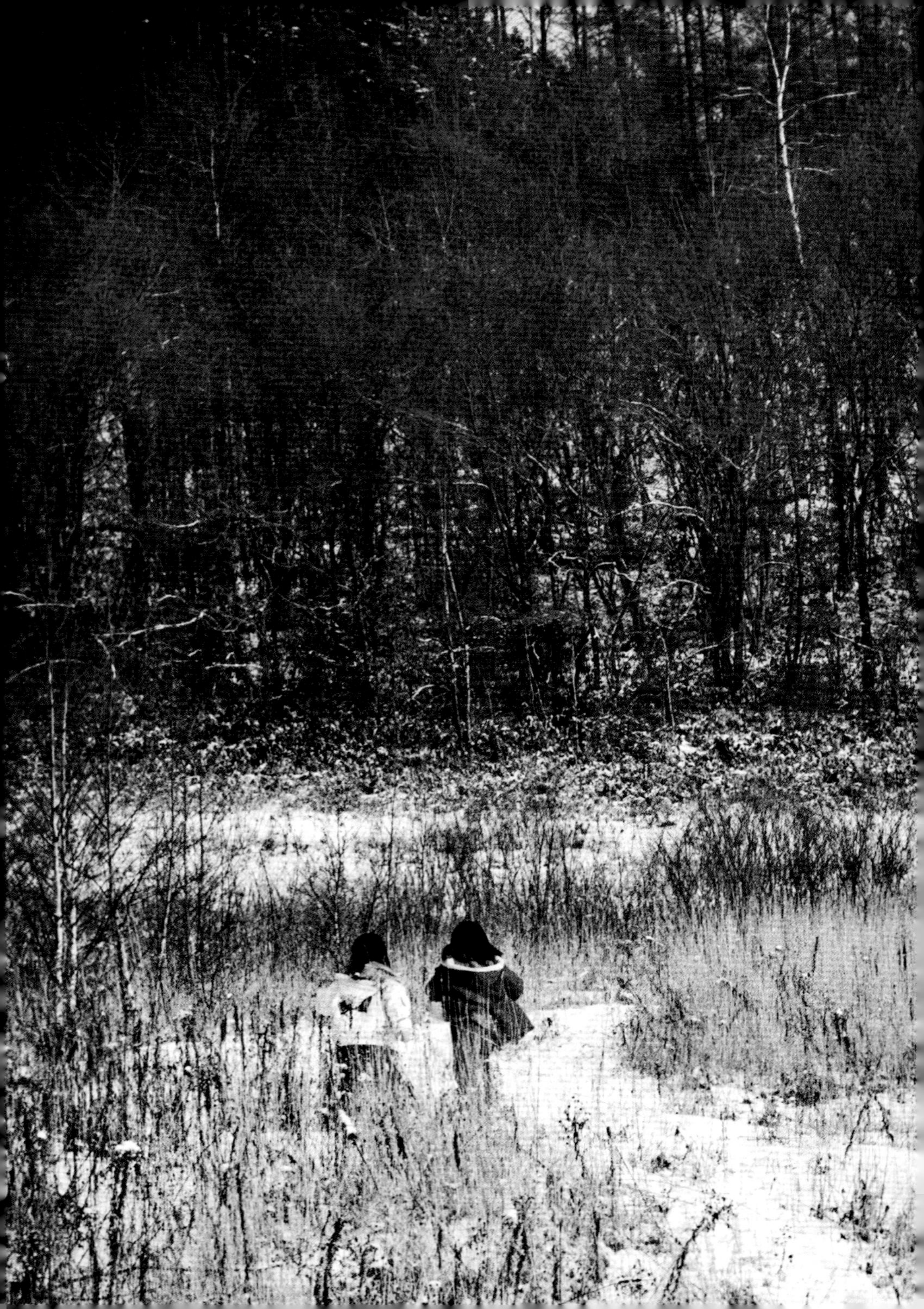

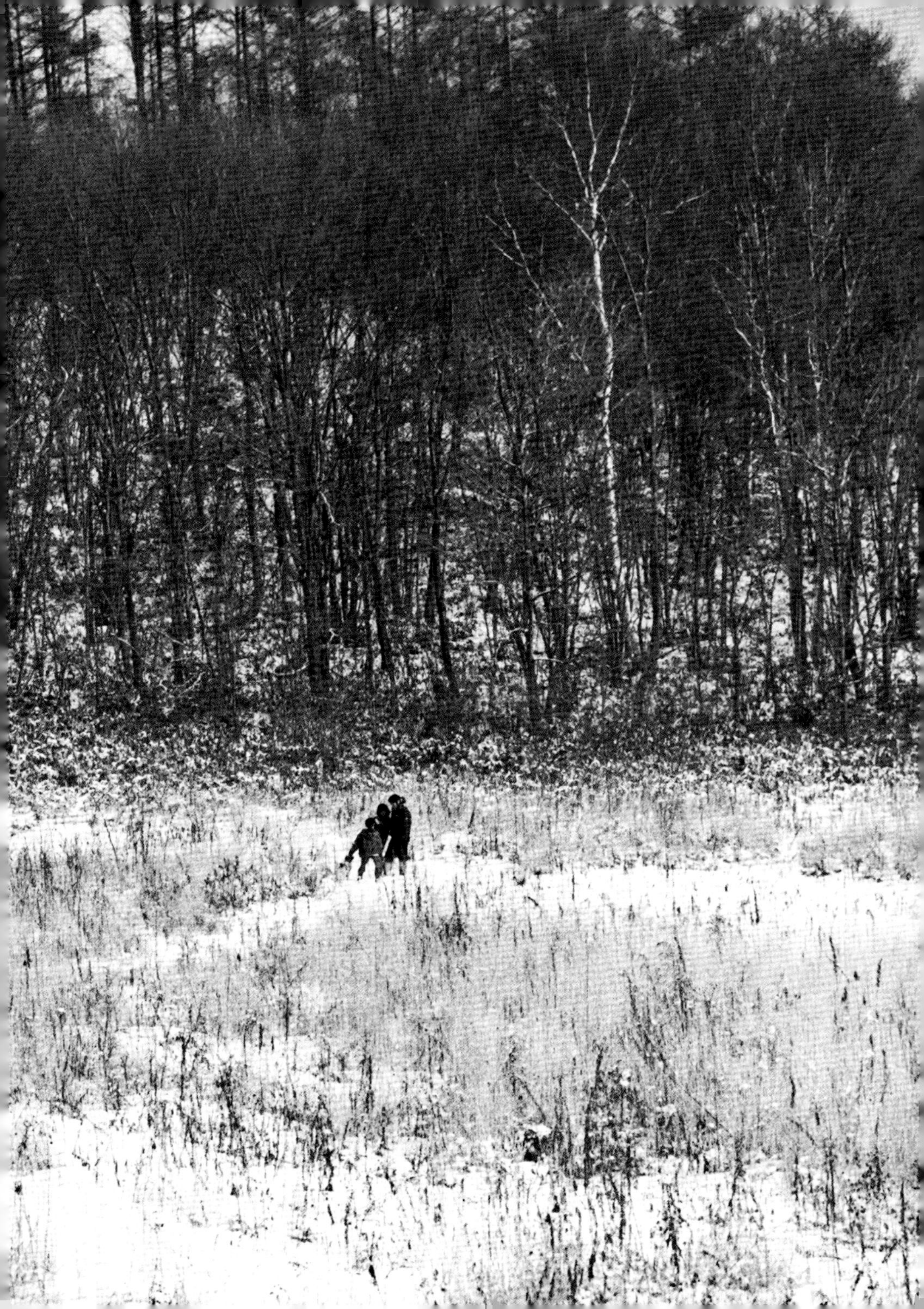

ピヤパ（ひえ）の収穫の後、ふざけて頭にさす

自分たちで建てたアイヌ語学校でウポポ(歌)の練習をする

ヘペレアイ（花矢）

サラニプ(木の皮を編んでつくった袋)をさげて

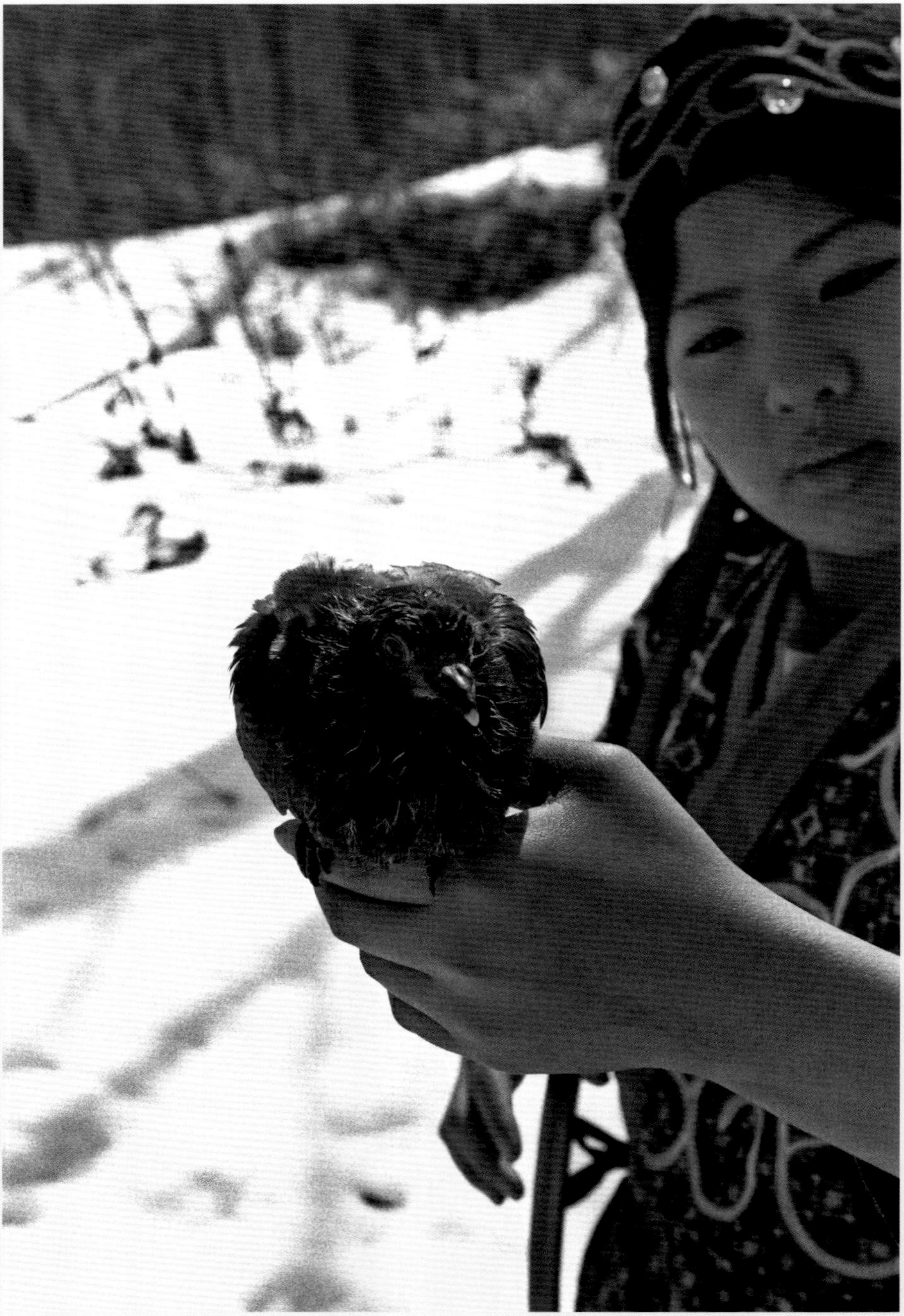

ク リムセ（弓の舞）

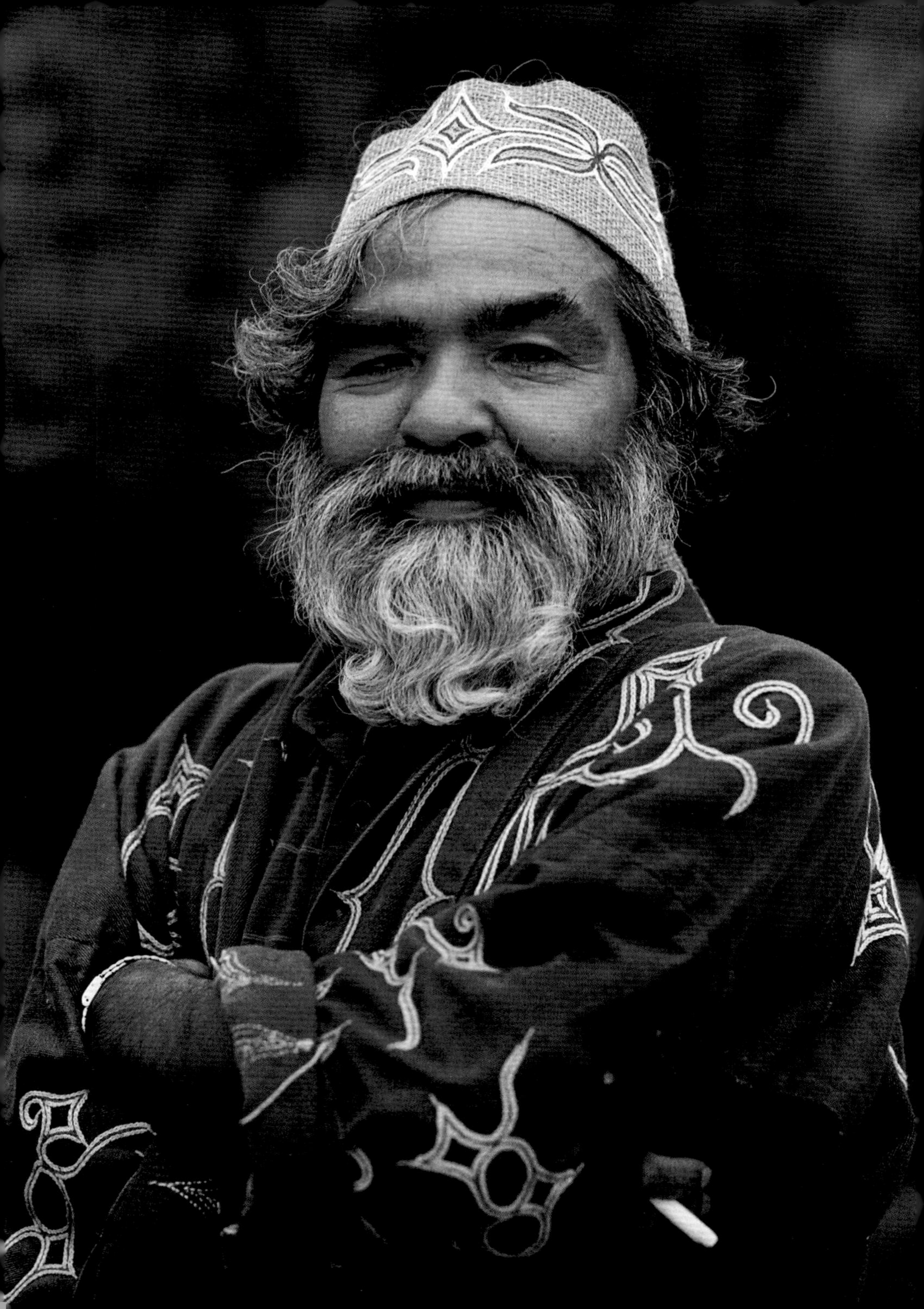

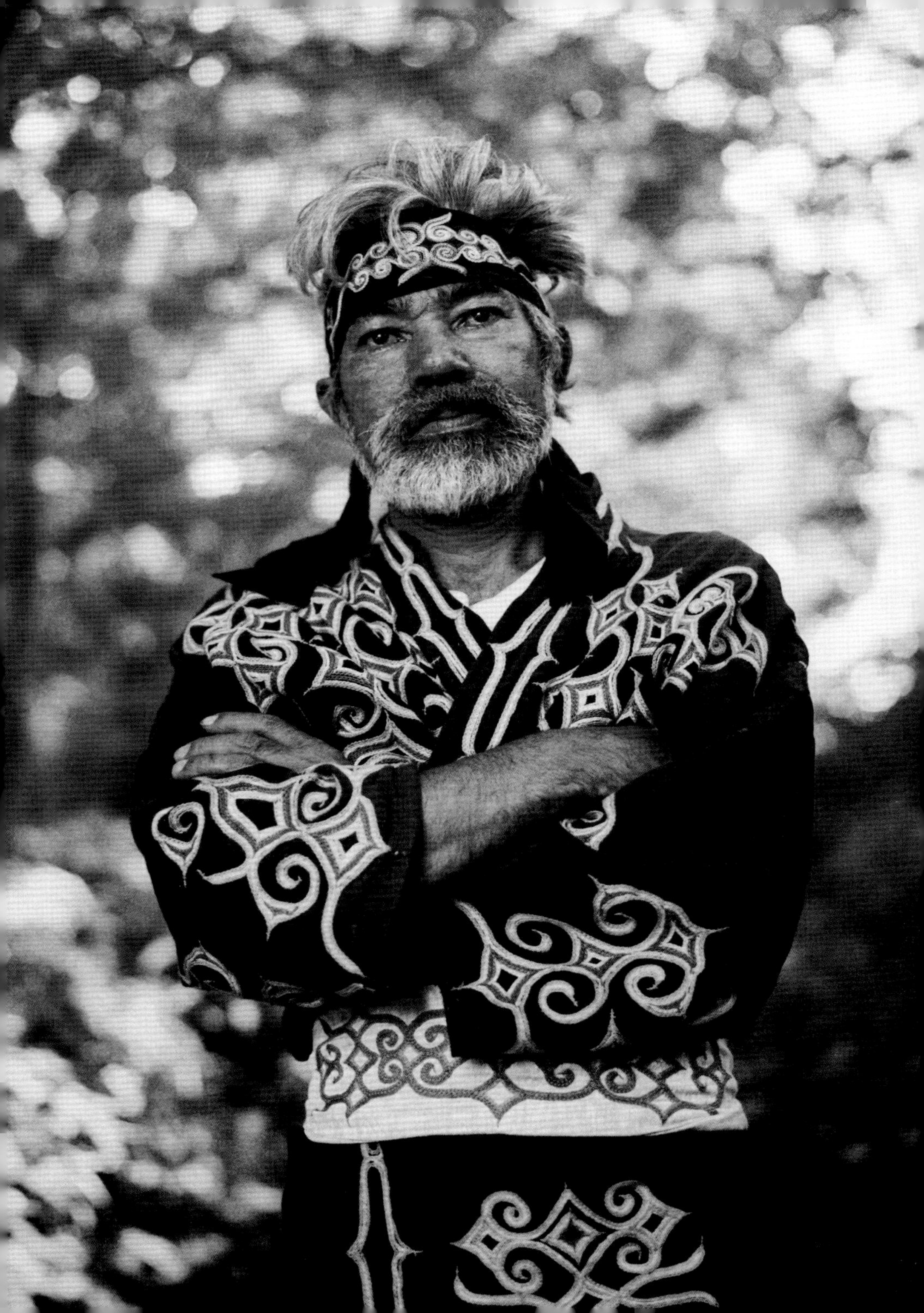

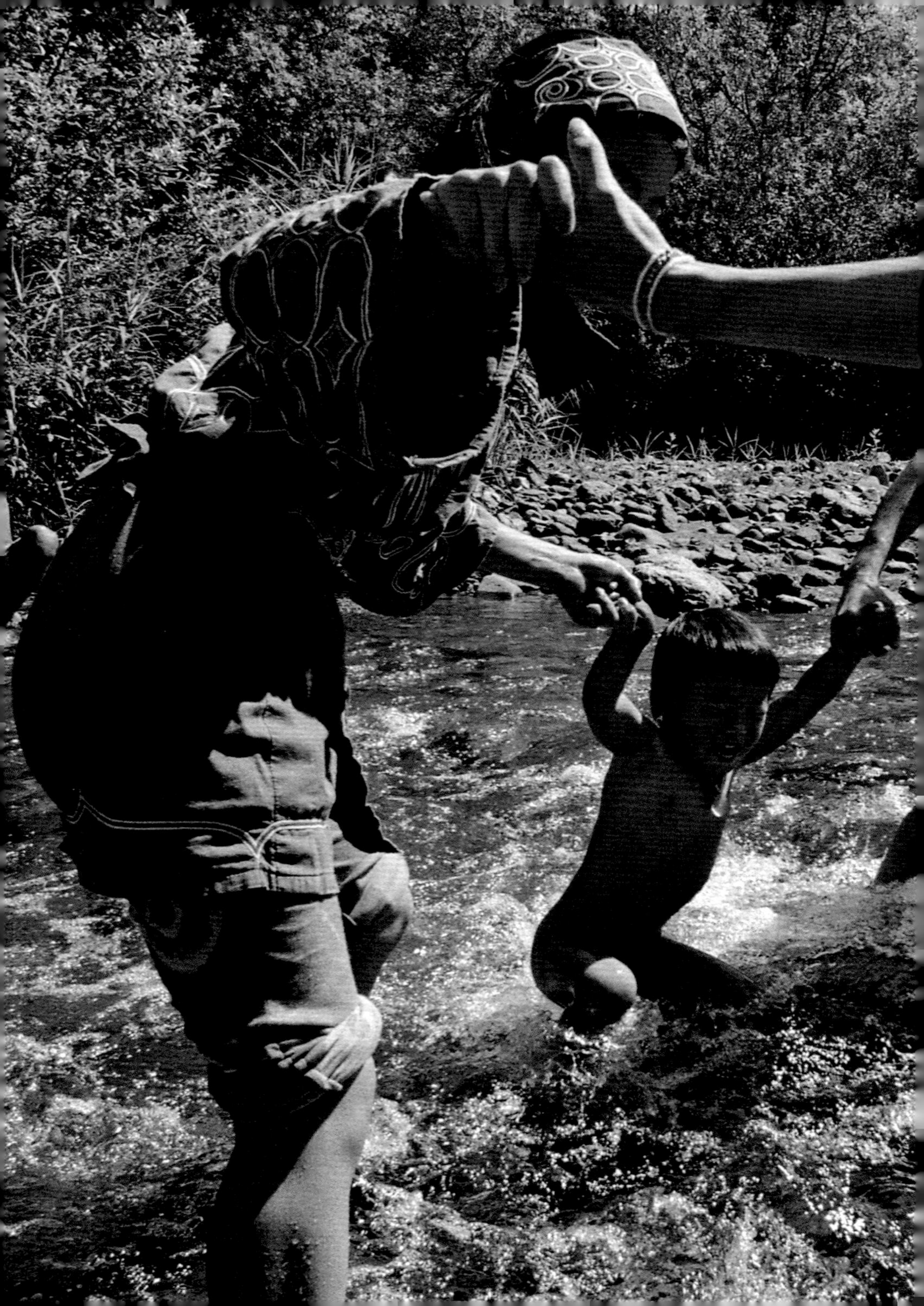

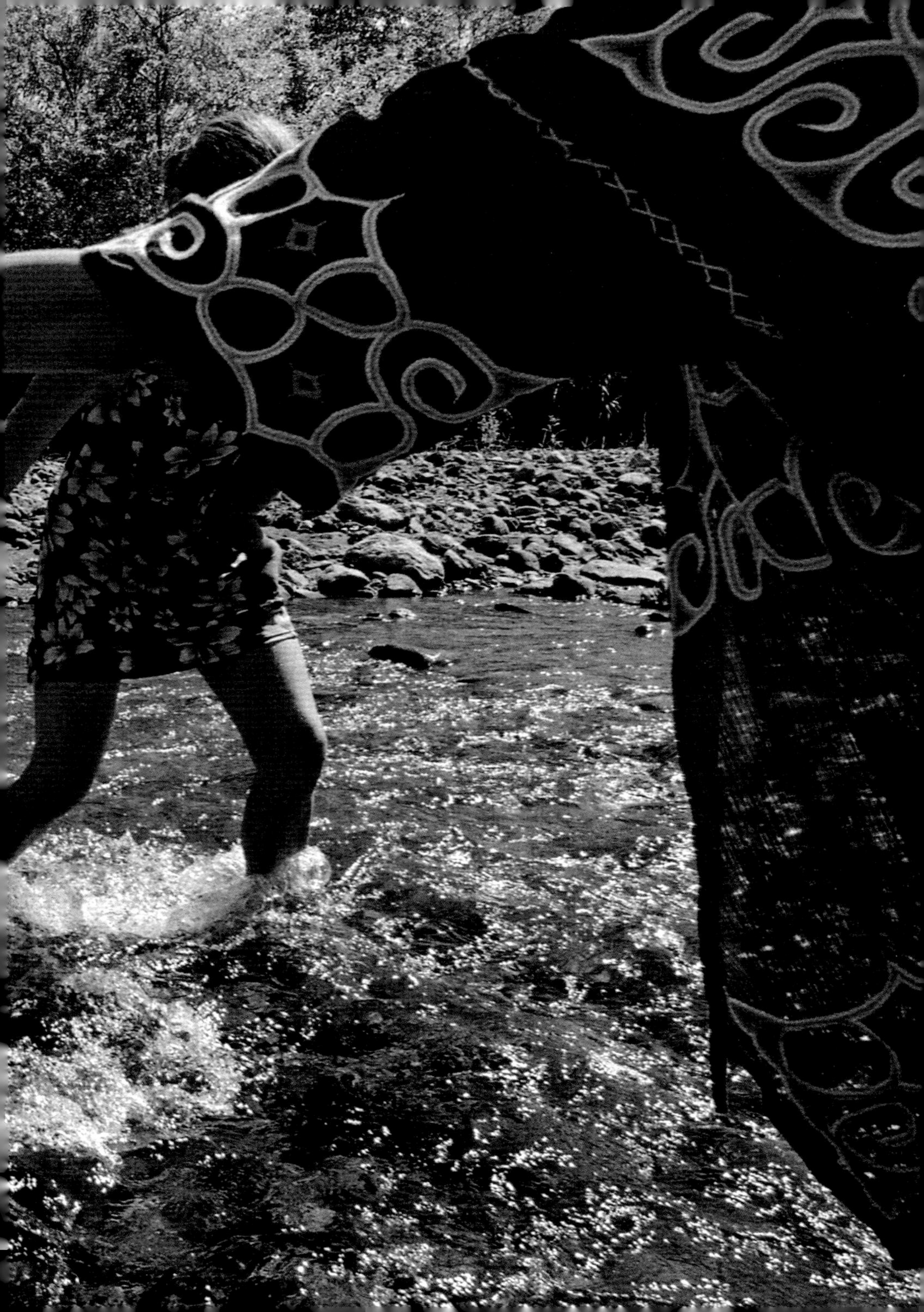

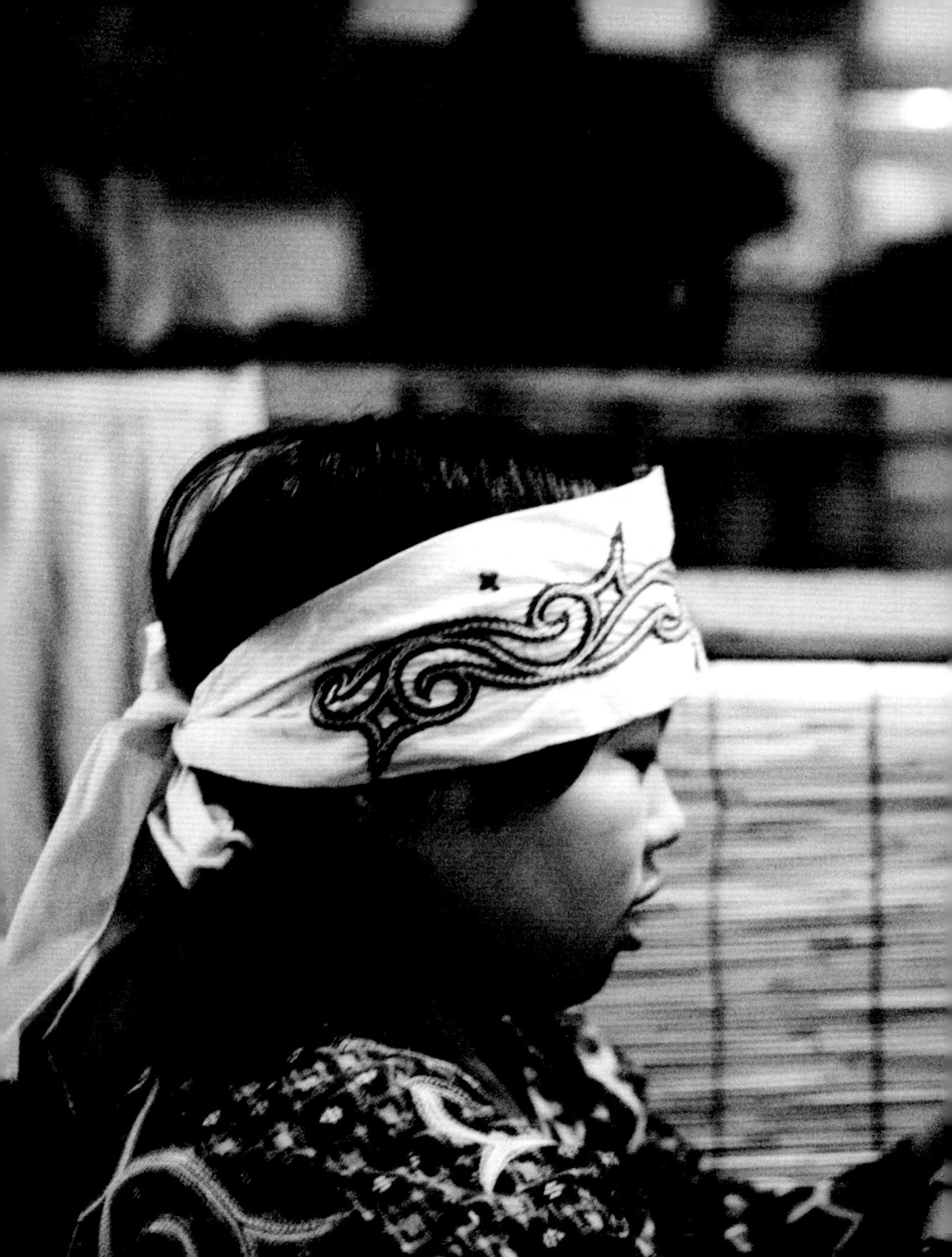

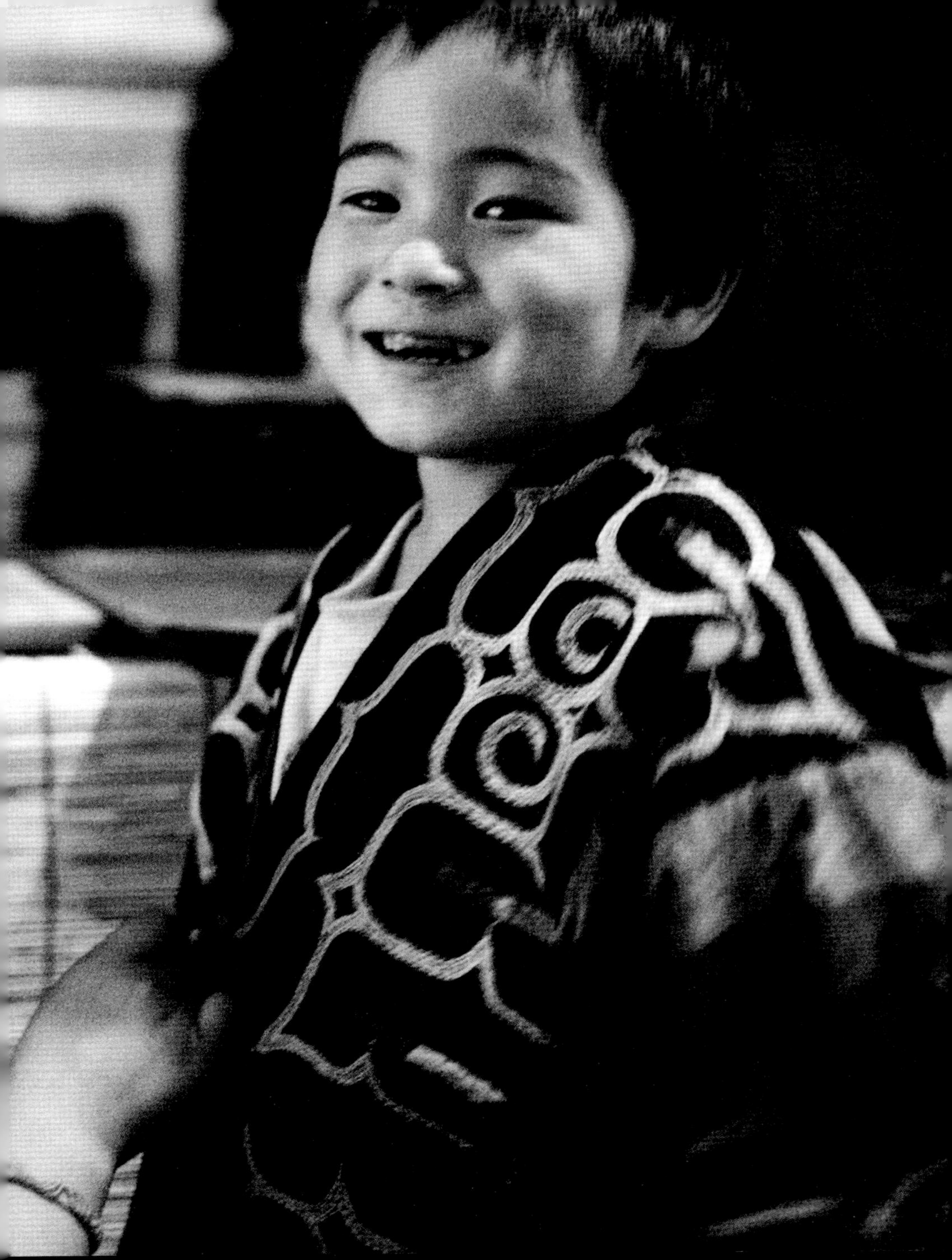

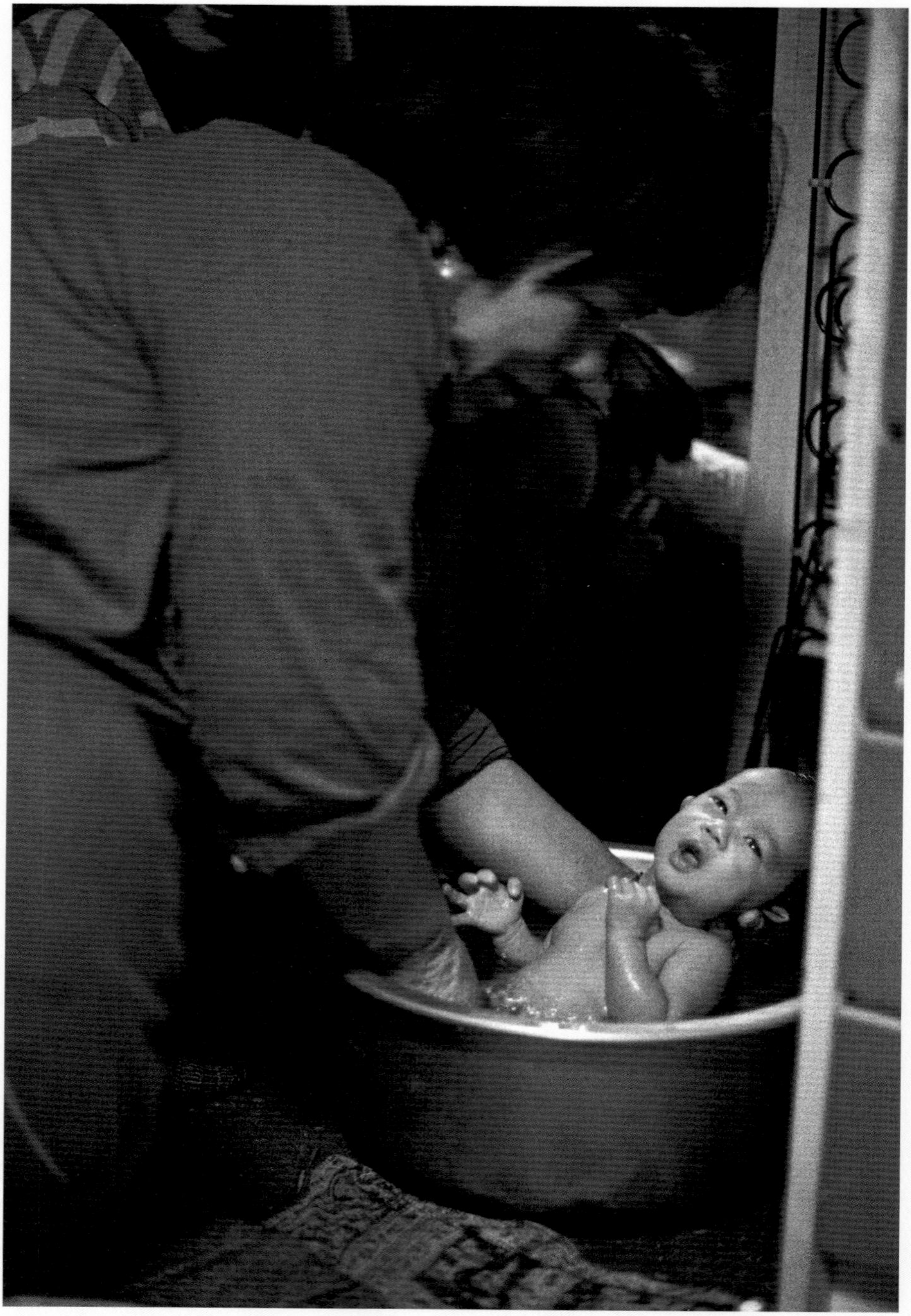

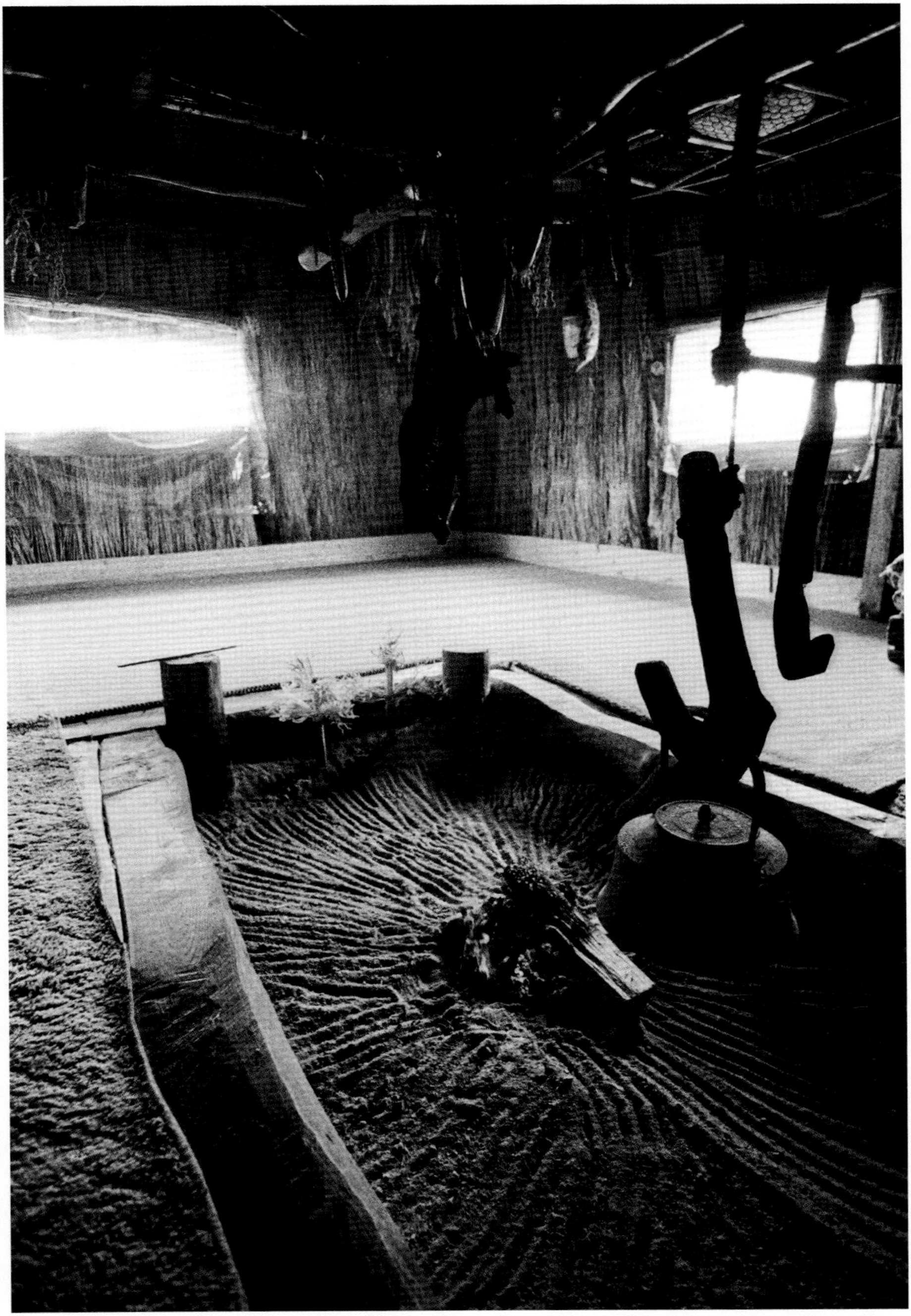

満月の夜、星空の下に浮かび上がる伝統的な茅葺きのポロチセ（大きい家）

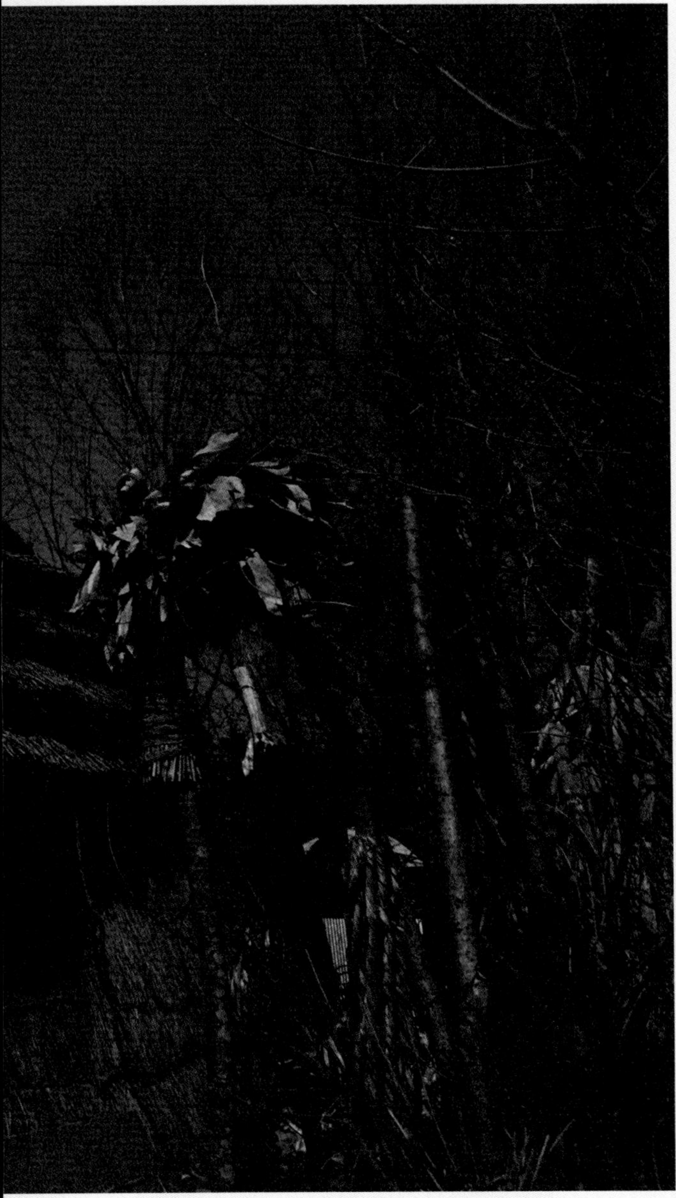

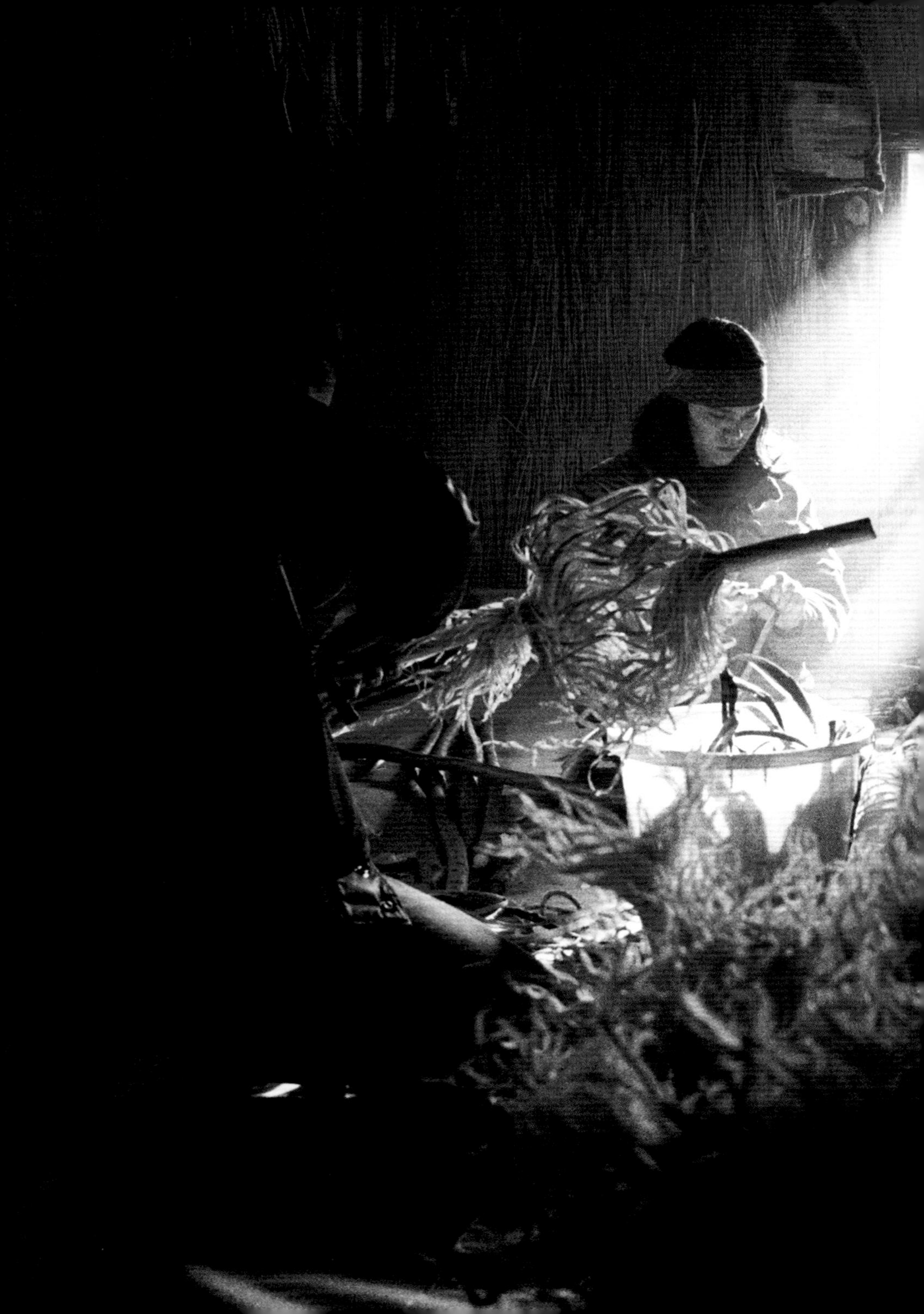

アシリパ・ノミ（新年の祈り）のために神々に贈るイナウ（木幣）をつくる男たち

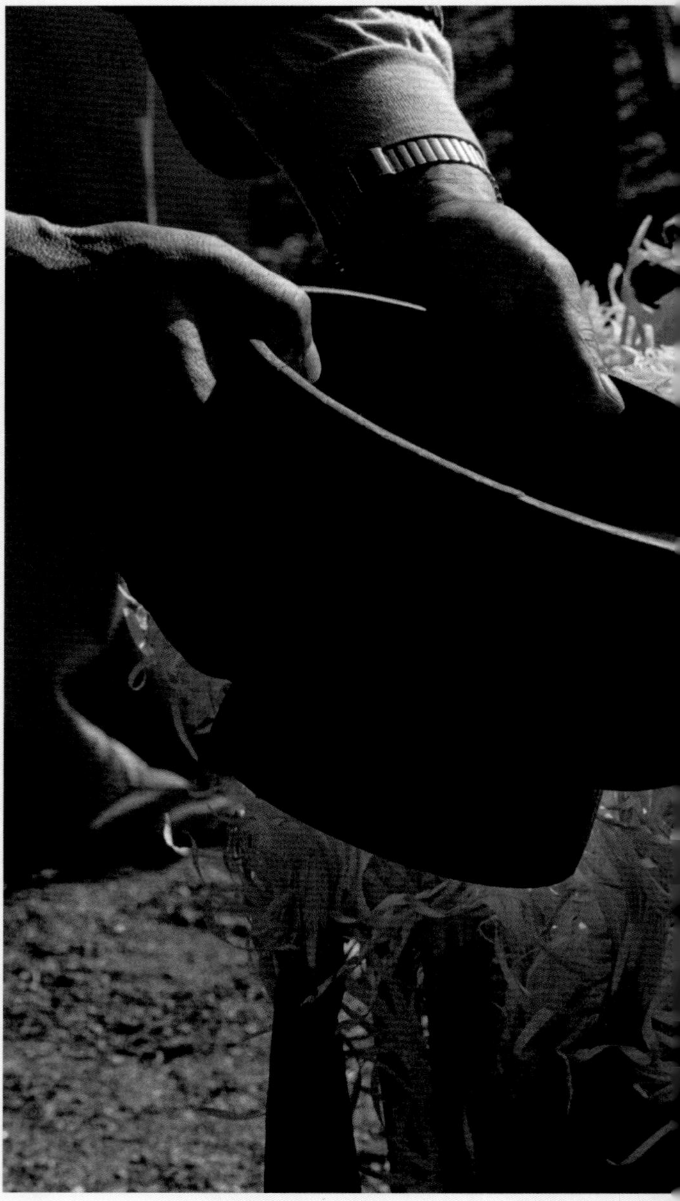

カムイノミ（神への祈り）やイチャルパ（先祖供養）に欠かせないトノト（酒）

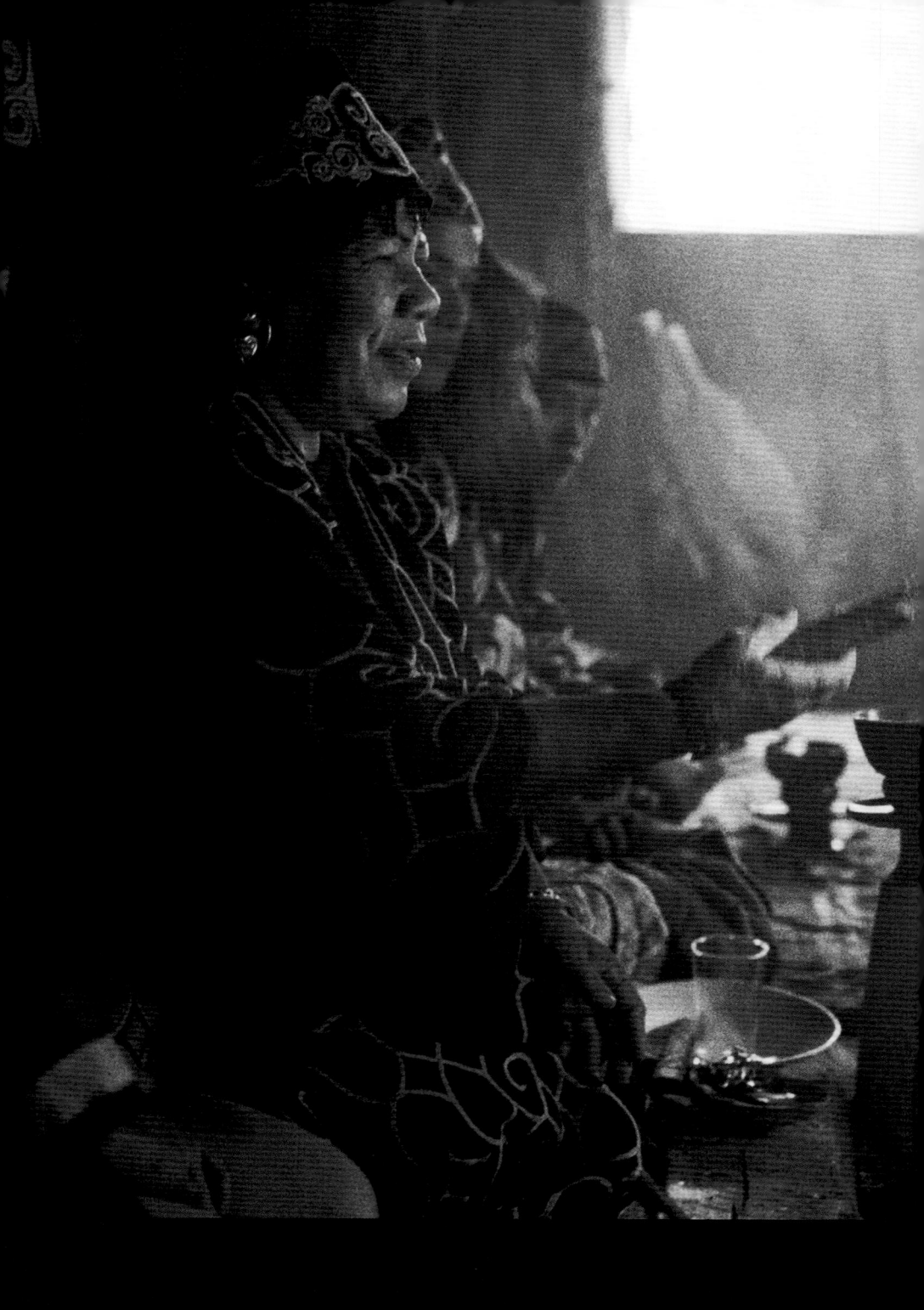

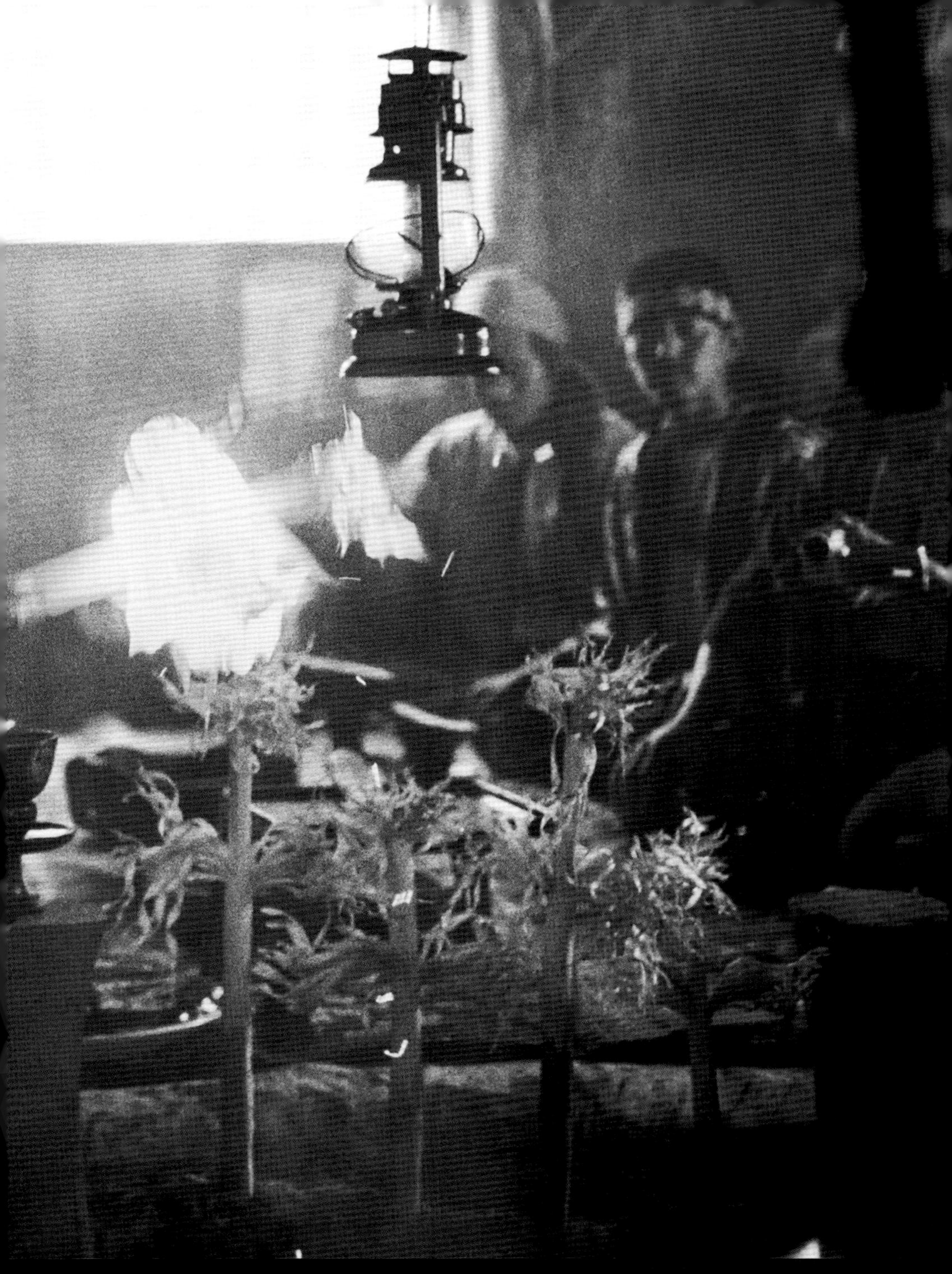

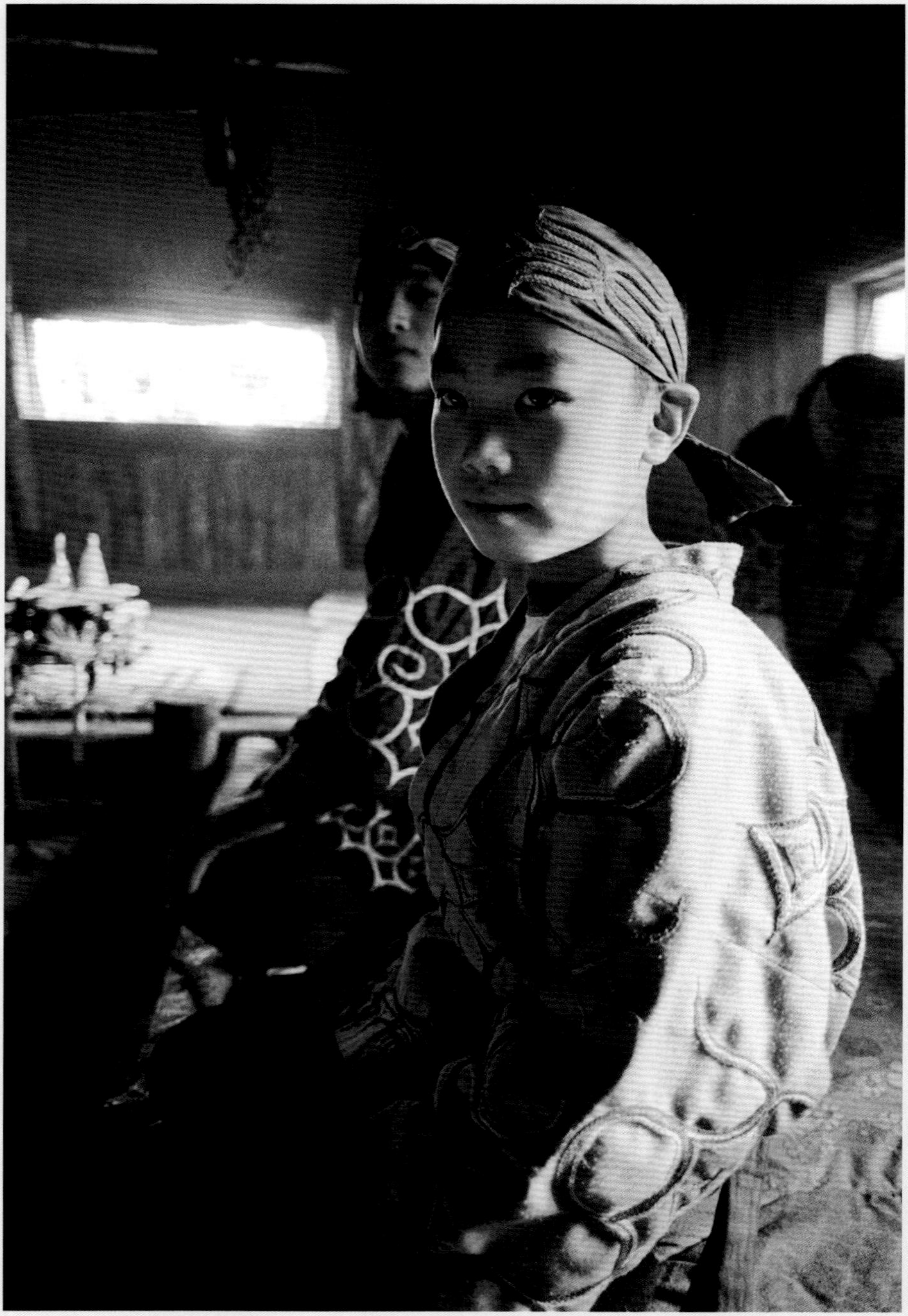

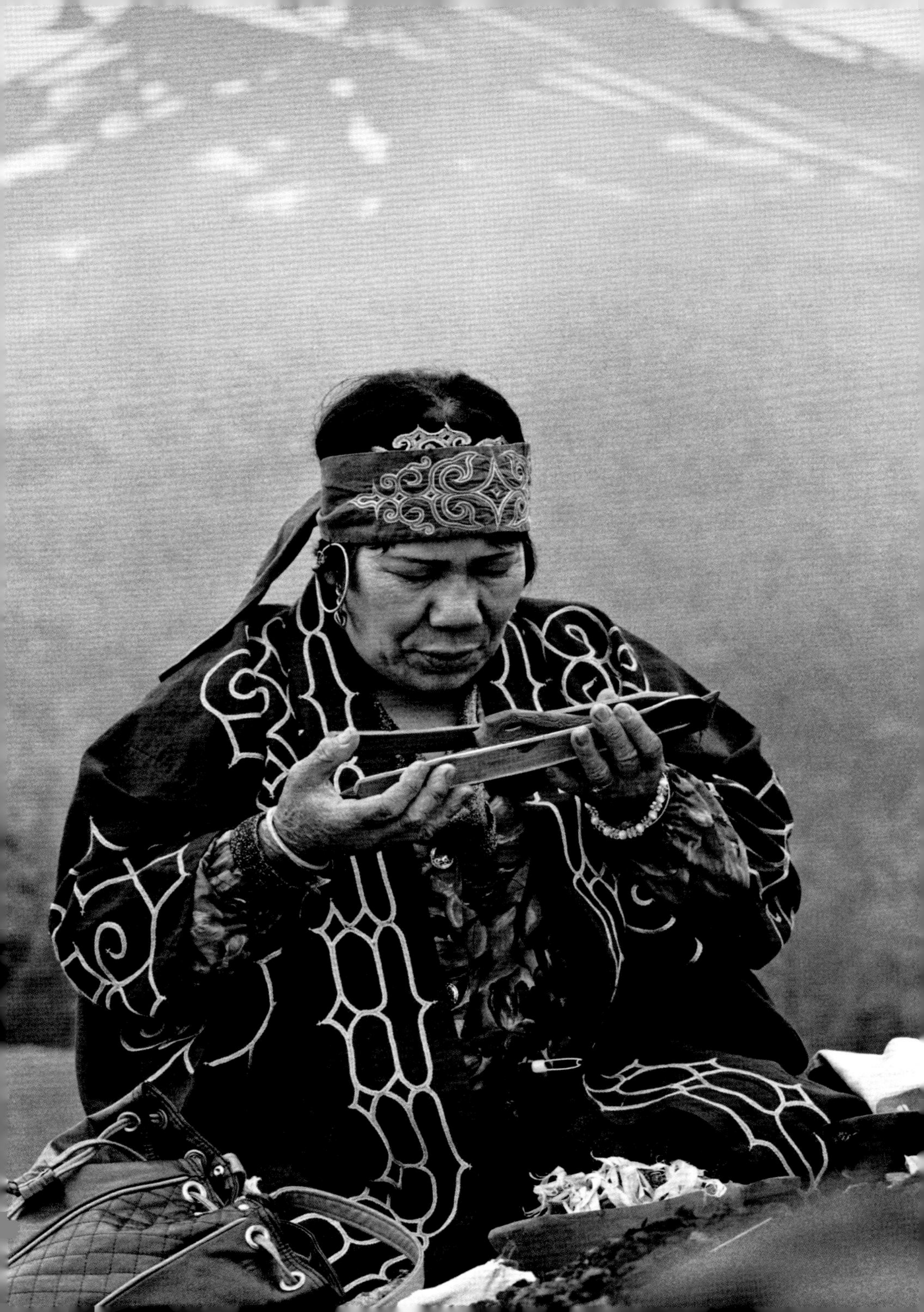

フキの葉のひしゃく

野や里を潤し、人びとに恵みを与えてきたシシリムカ（沙流川さるがわ）。後方に建設中の二風谷ダムが見える（1994年5月）

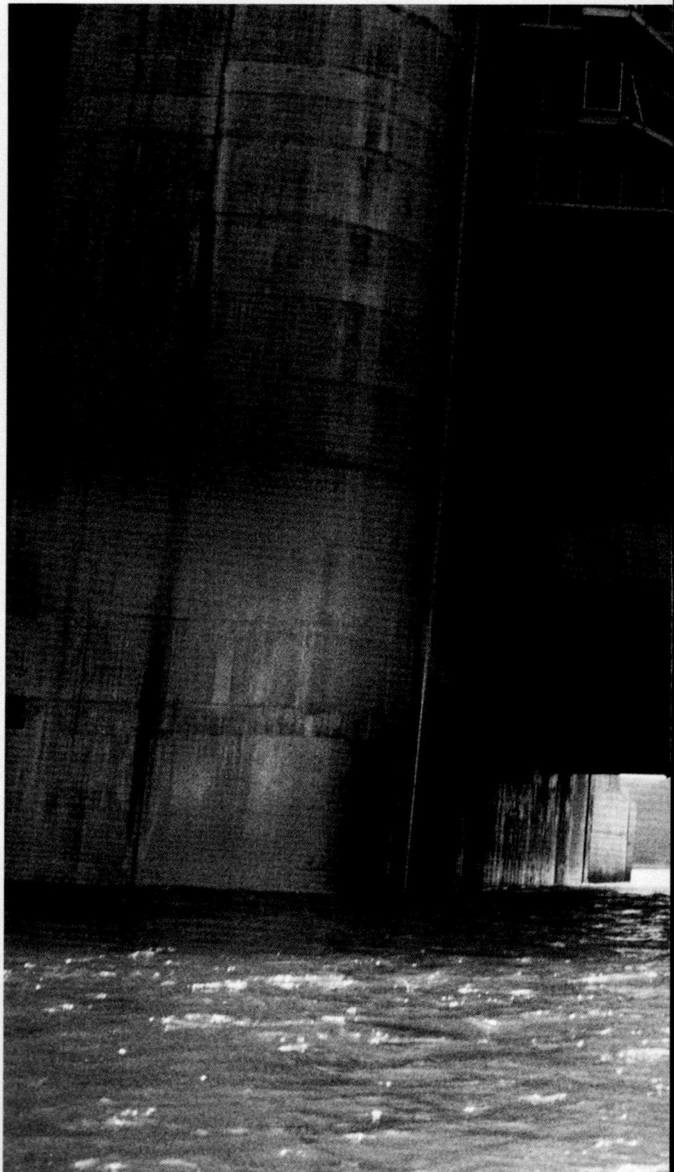

アイヌ民族の聖地を破壊するダム。
二風谷は住民の7〜8割がアイヌ民族で、北海道の中でもアイヌ民族の人口密度が高い地域。
建設中止を願うみんなの思いをのせて、小舟がダムサイトに流された（1994年5月）

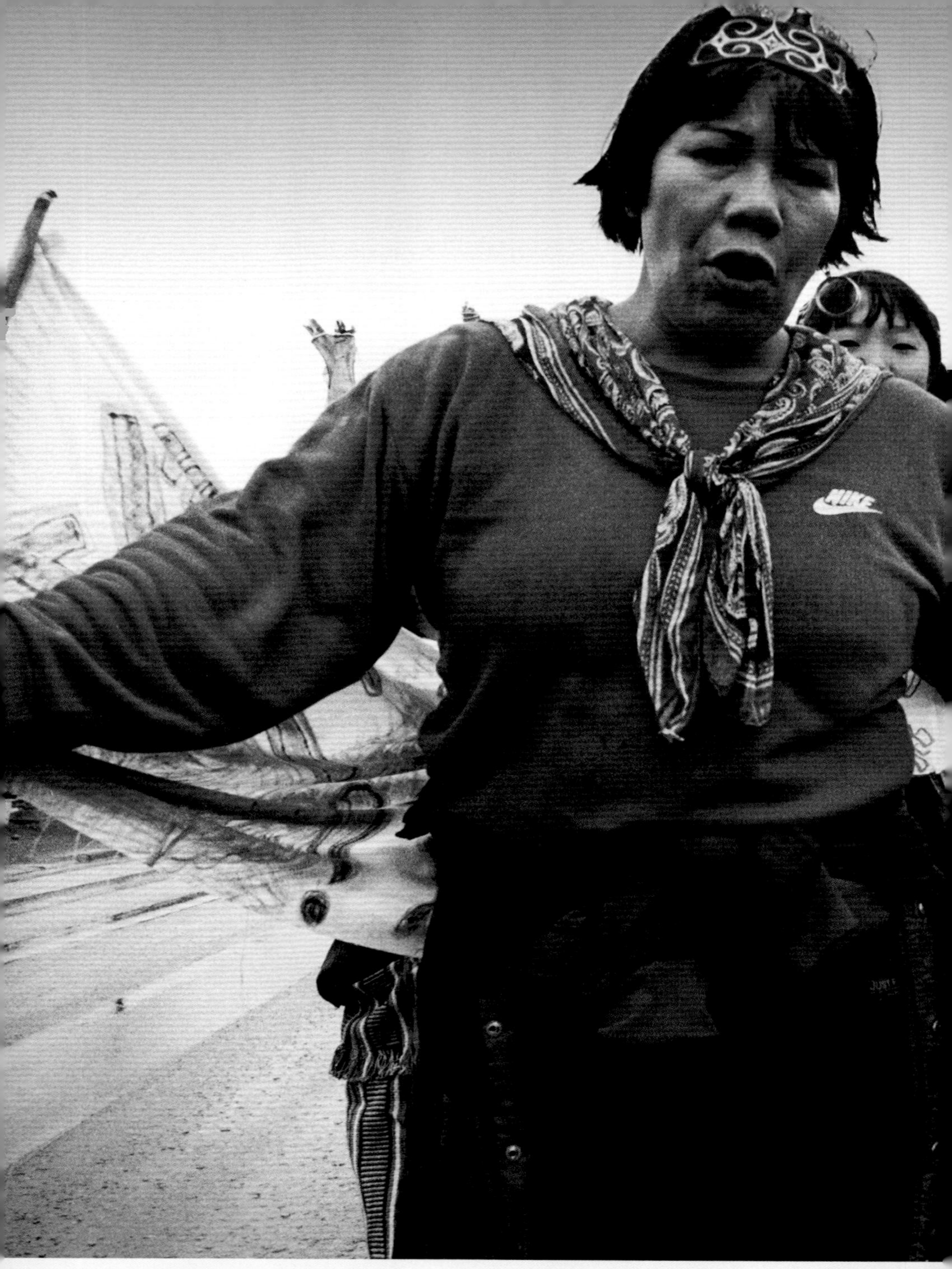
NIKE

二風谷ダムに反対してデモ行進をするアシリレラさんたち（1994年5月）

すいも
永門

二風谷ダムの貯水開始の日、ダム前で県会に抗議する（1996年4月）

「川は人間でいえば血管。流れをせき止めないで」——。
河原に祈りを込めてイナウ（木弊）が立てられたが、ダムは1996年に完成してしまった

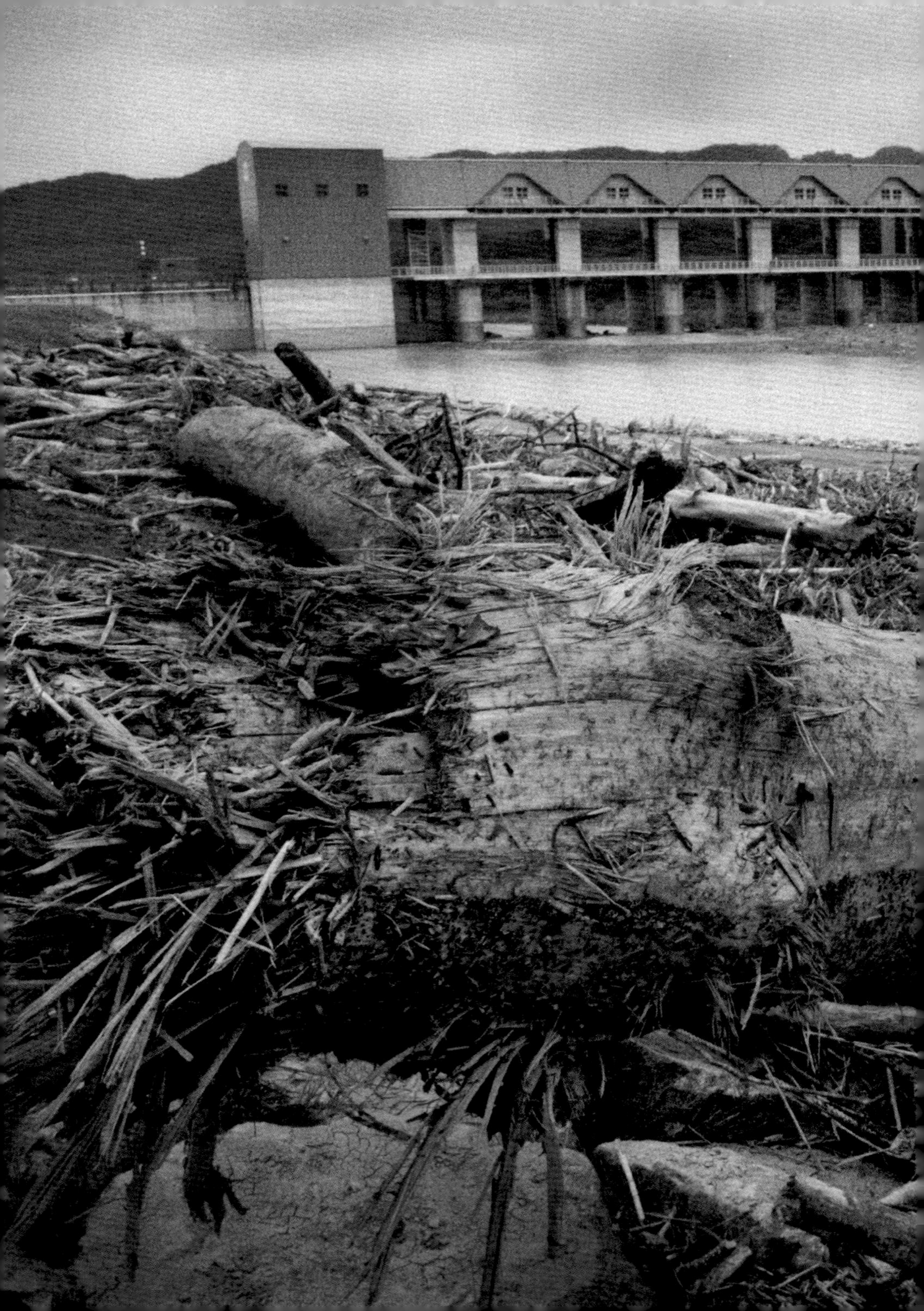

台風10号の大雨で流木に埋まった二風谷ダム貯水池。
水を利用するはずだった苫小牧東部大規模工業基地計画はダムが出来る前から破綻し、
意味をなさないダムは土砂に埋まっていく（2003年8月）

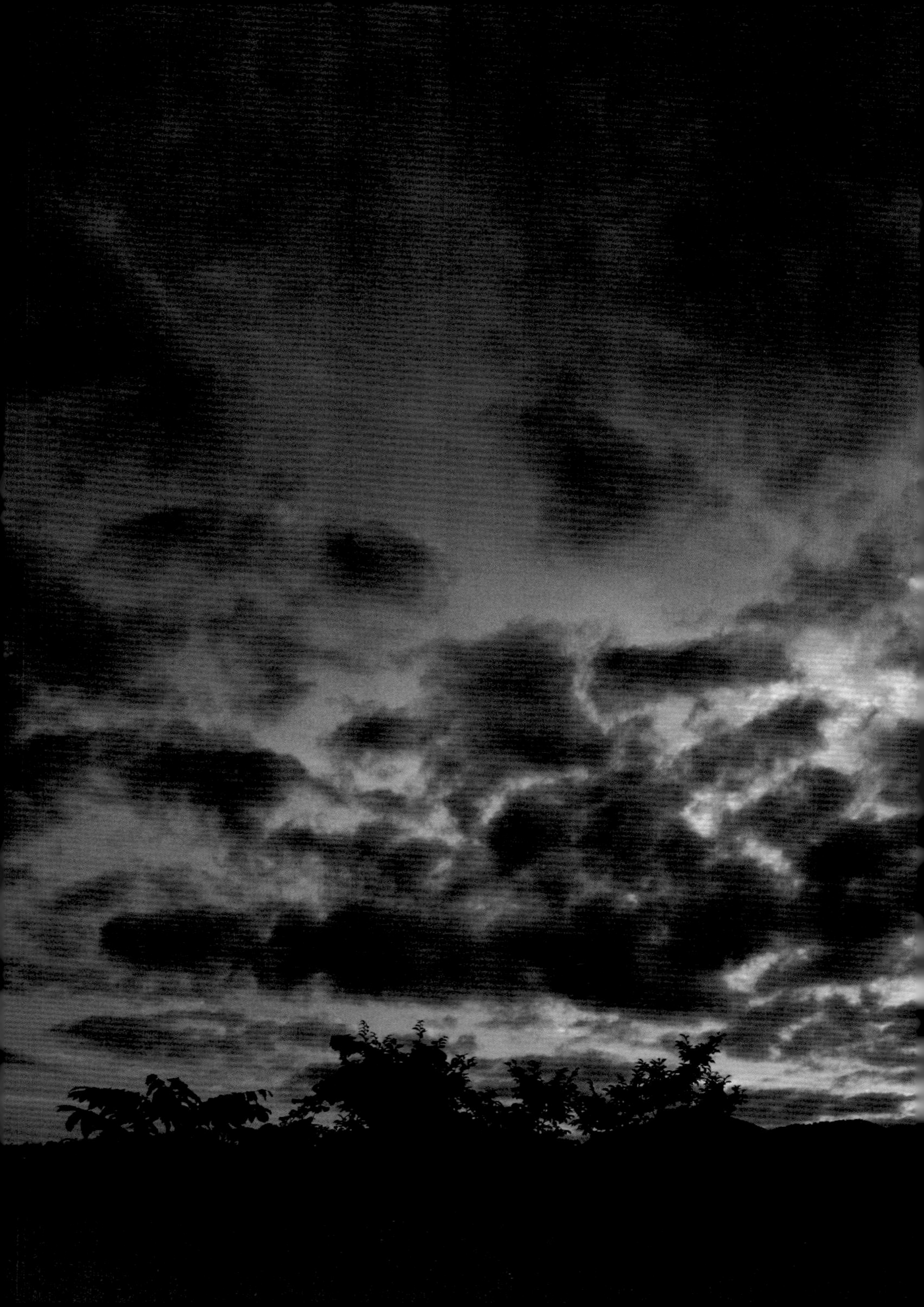

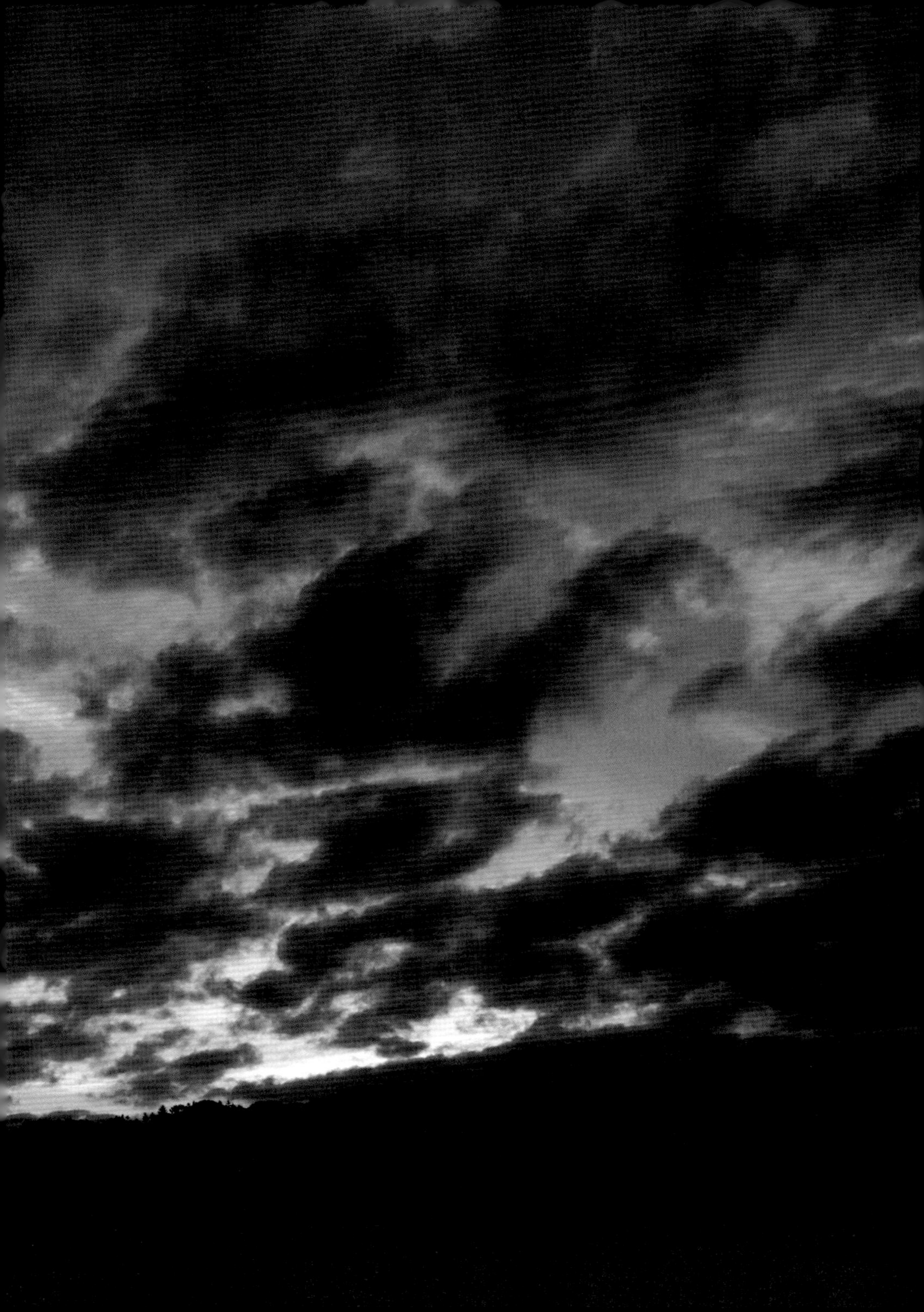

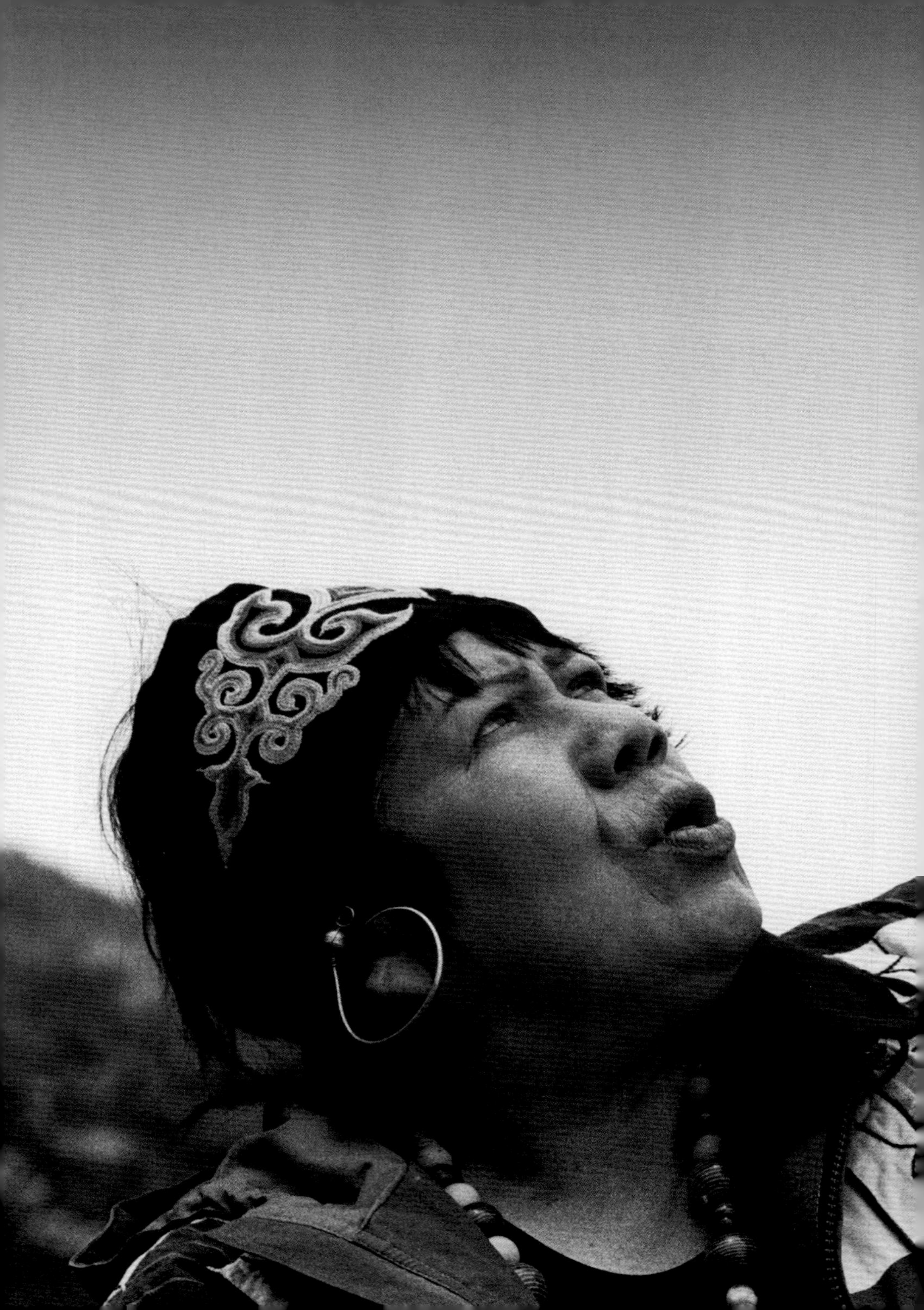

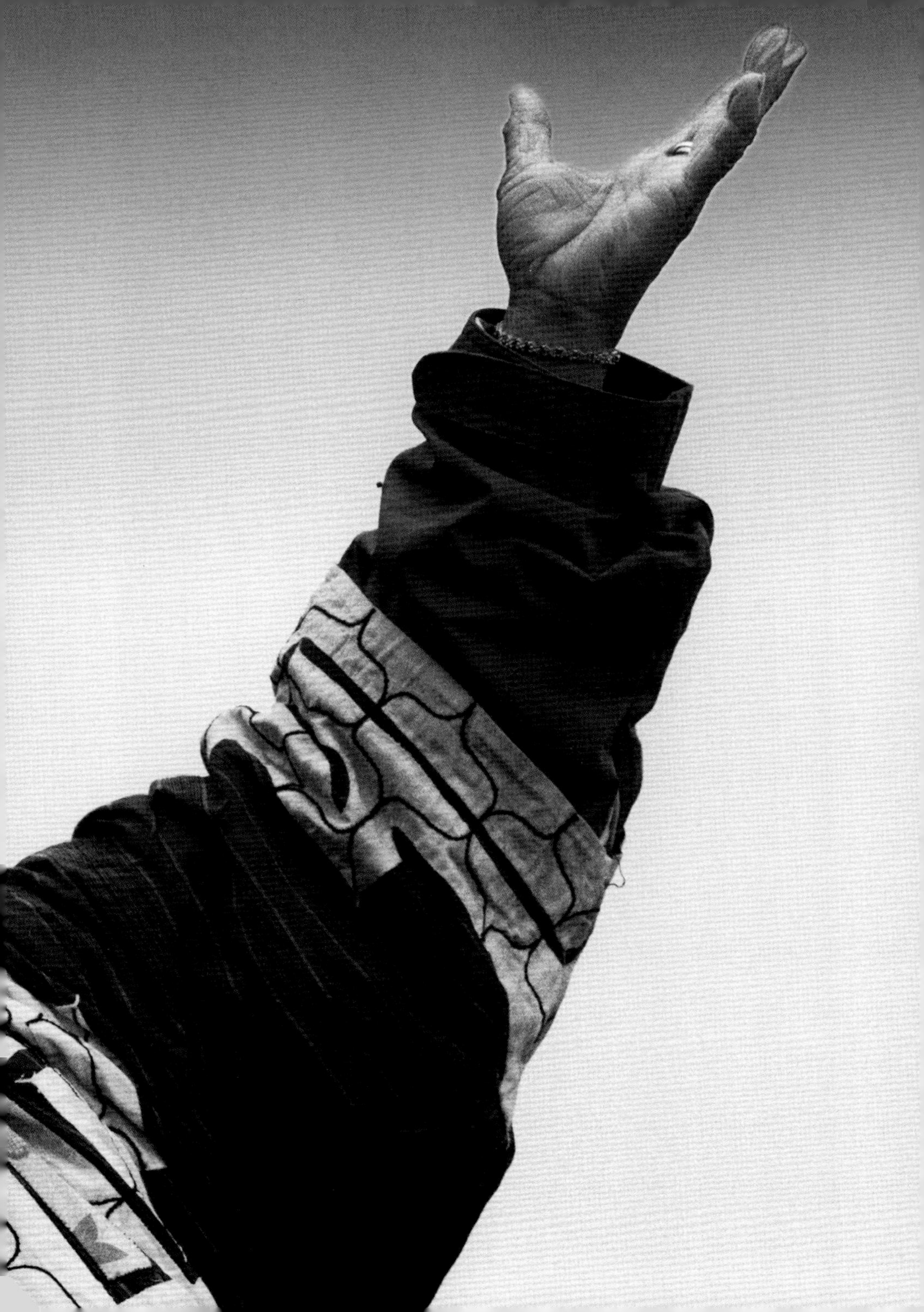

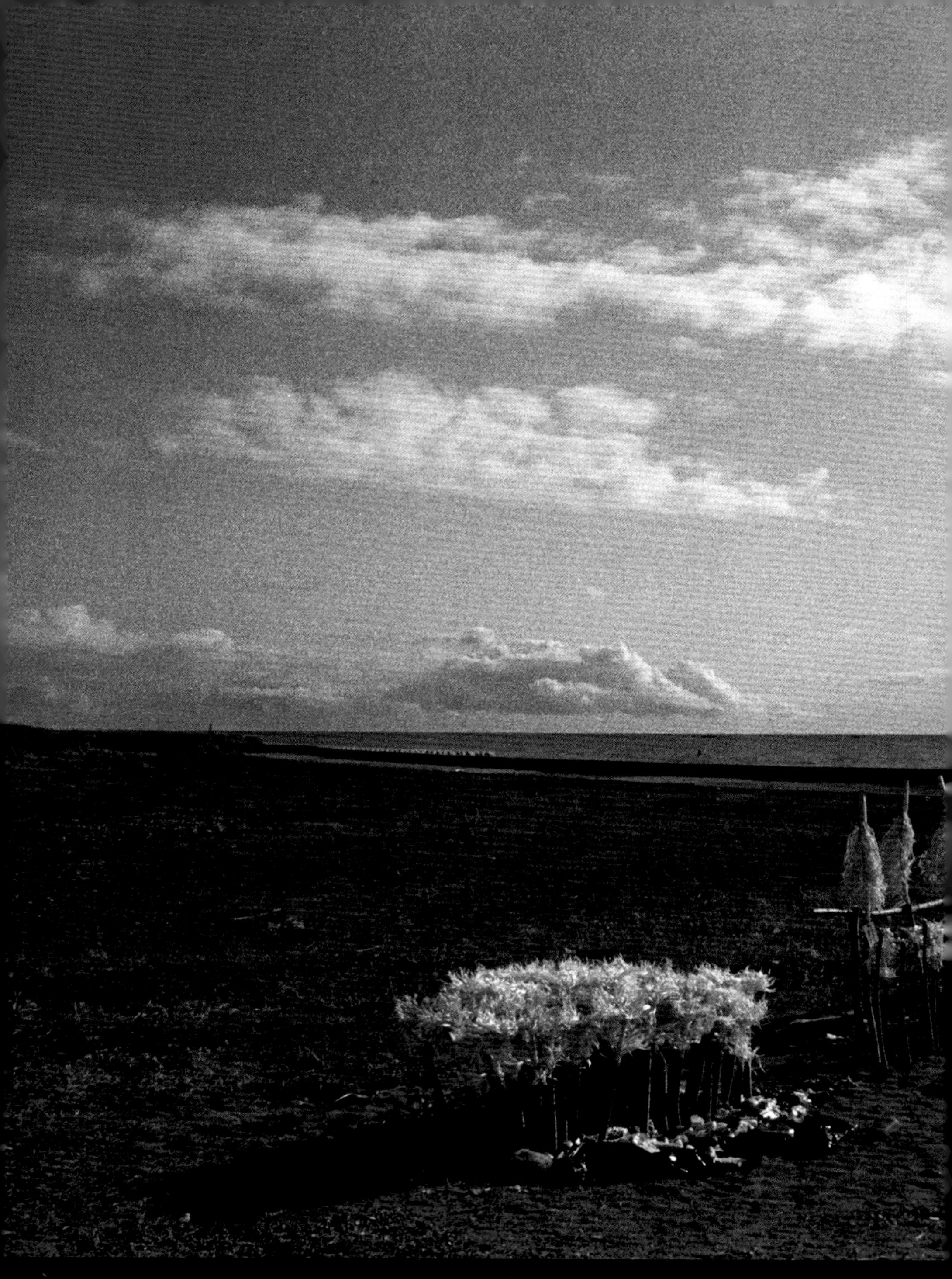

ししゃも豊漁祈願祭のヌサ(祭壇)

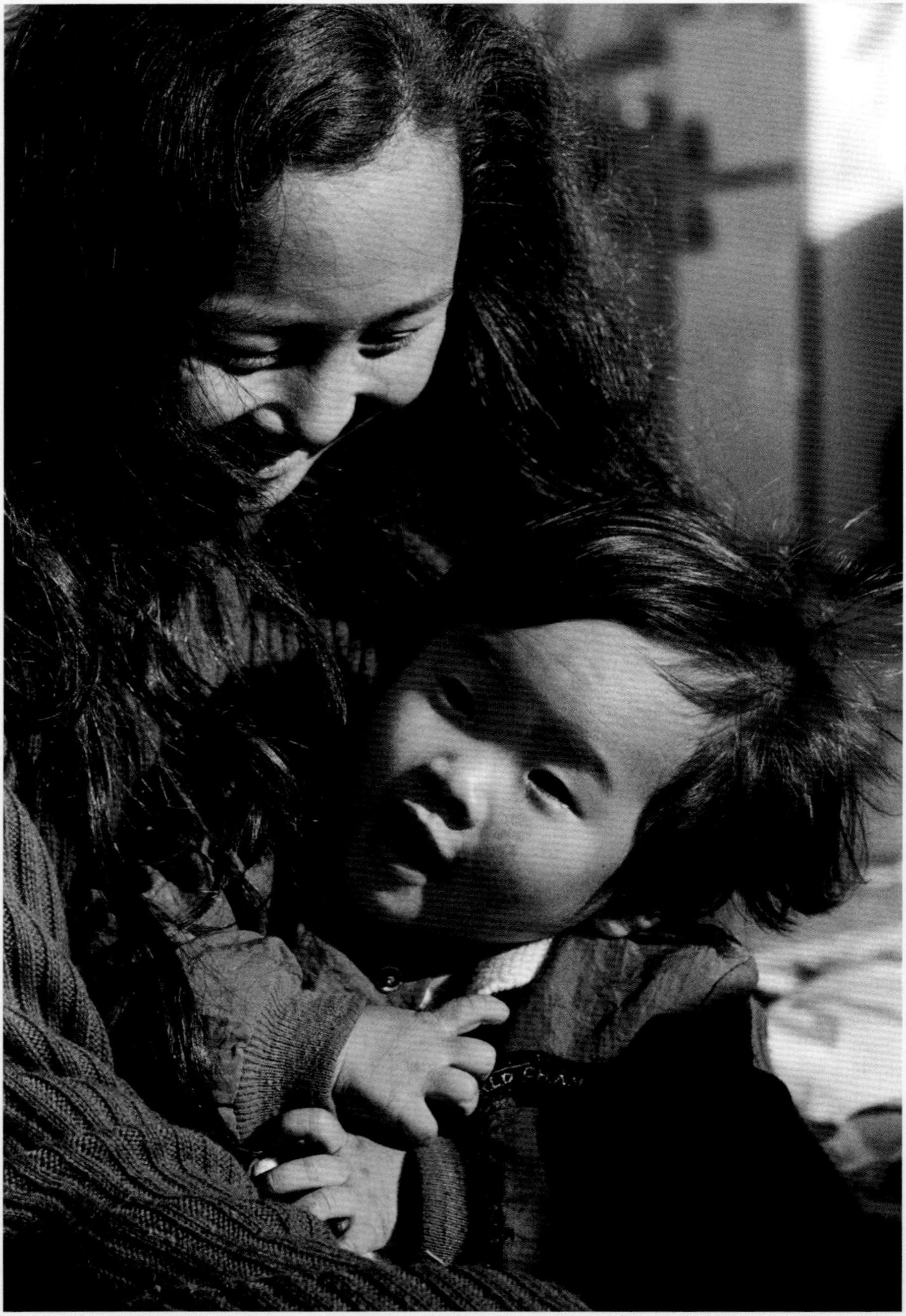

子どもにも仕事が割り当てられる。
犬にエサをやる当番の子たち

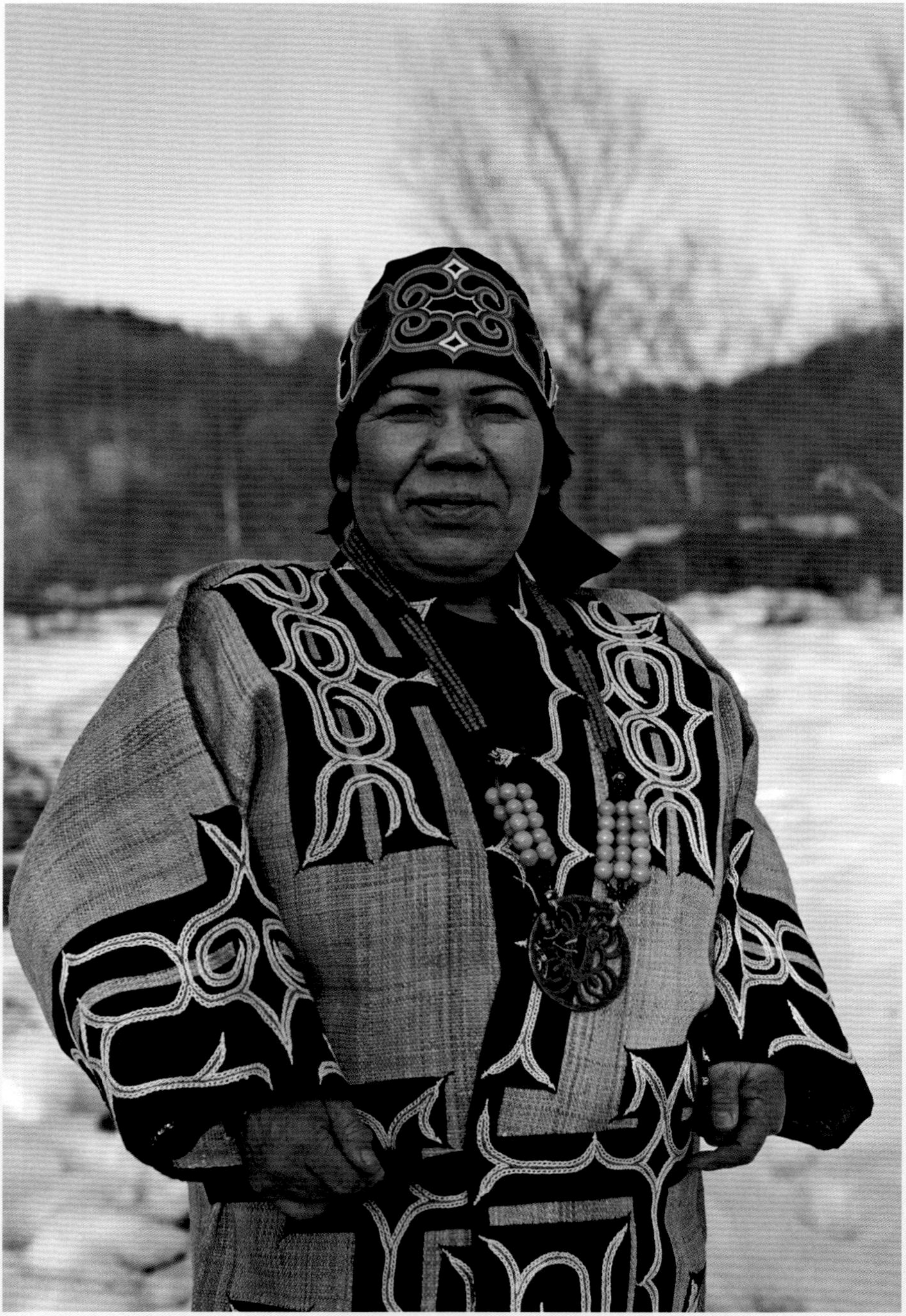

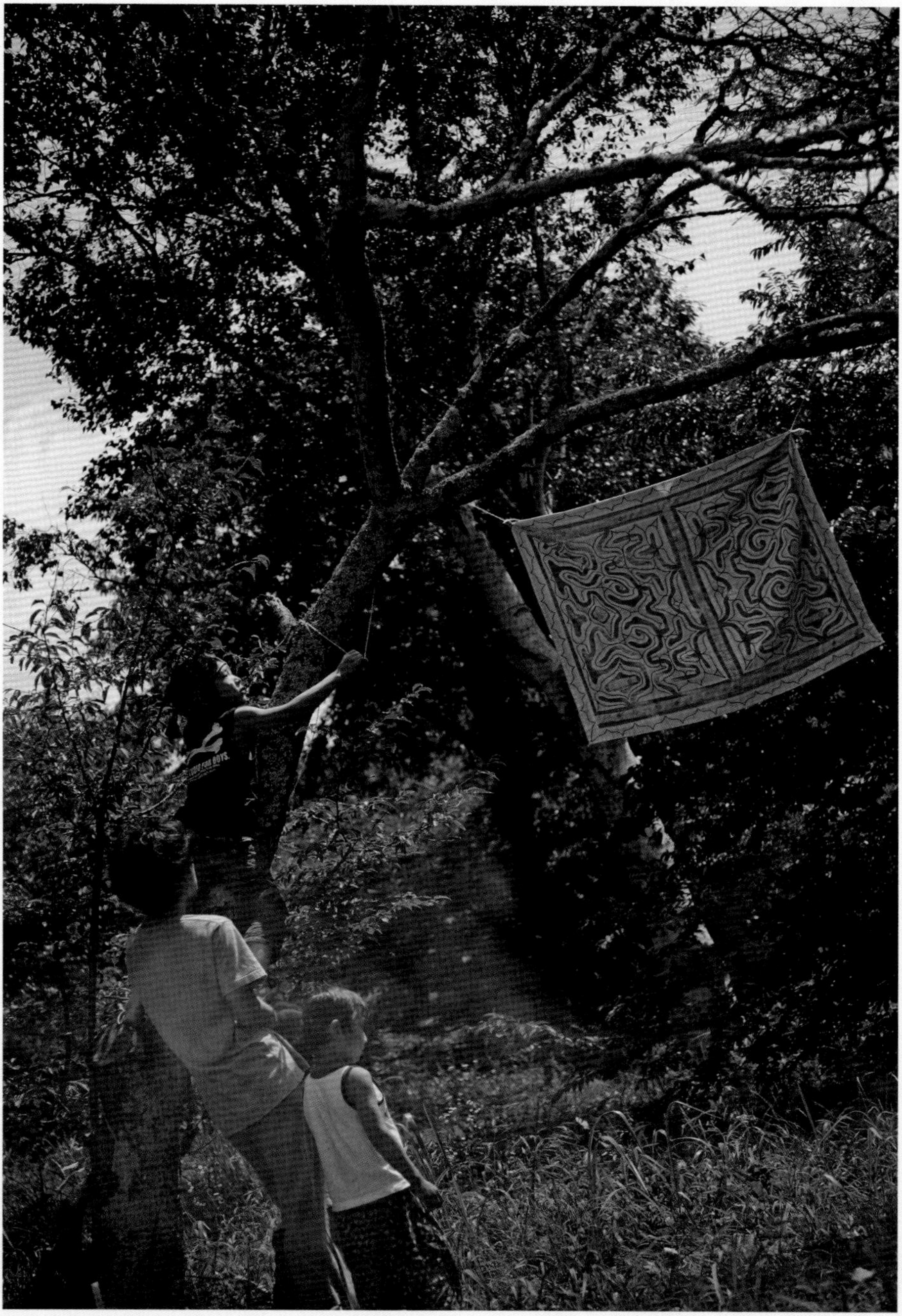

実子、里子、養子を何十人も育てるアシリレラさんは
大の男も含めた皆の"ビッグママ"

大地のものは、
いのちあるすべてのものの
ためにある。
人間だけのもの、
国のものはどこにもない。

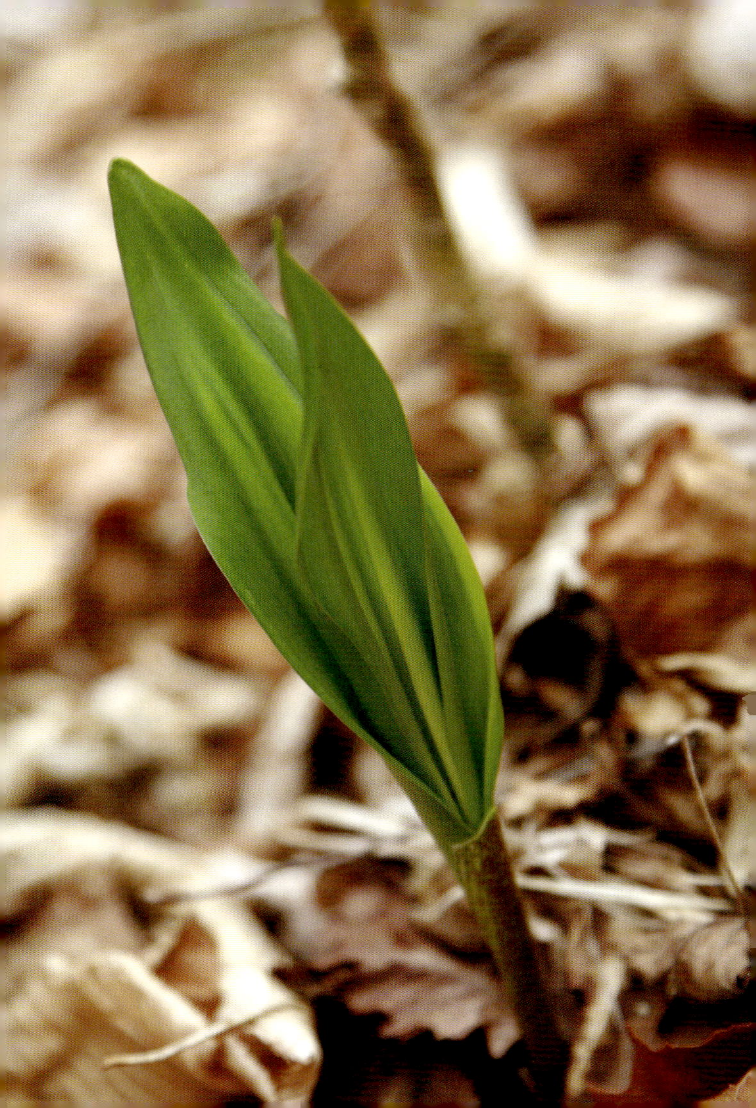

根っこを残して
採るんだよ。
同じ場所からばかり
採らない。
必要な分だけ採る。

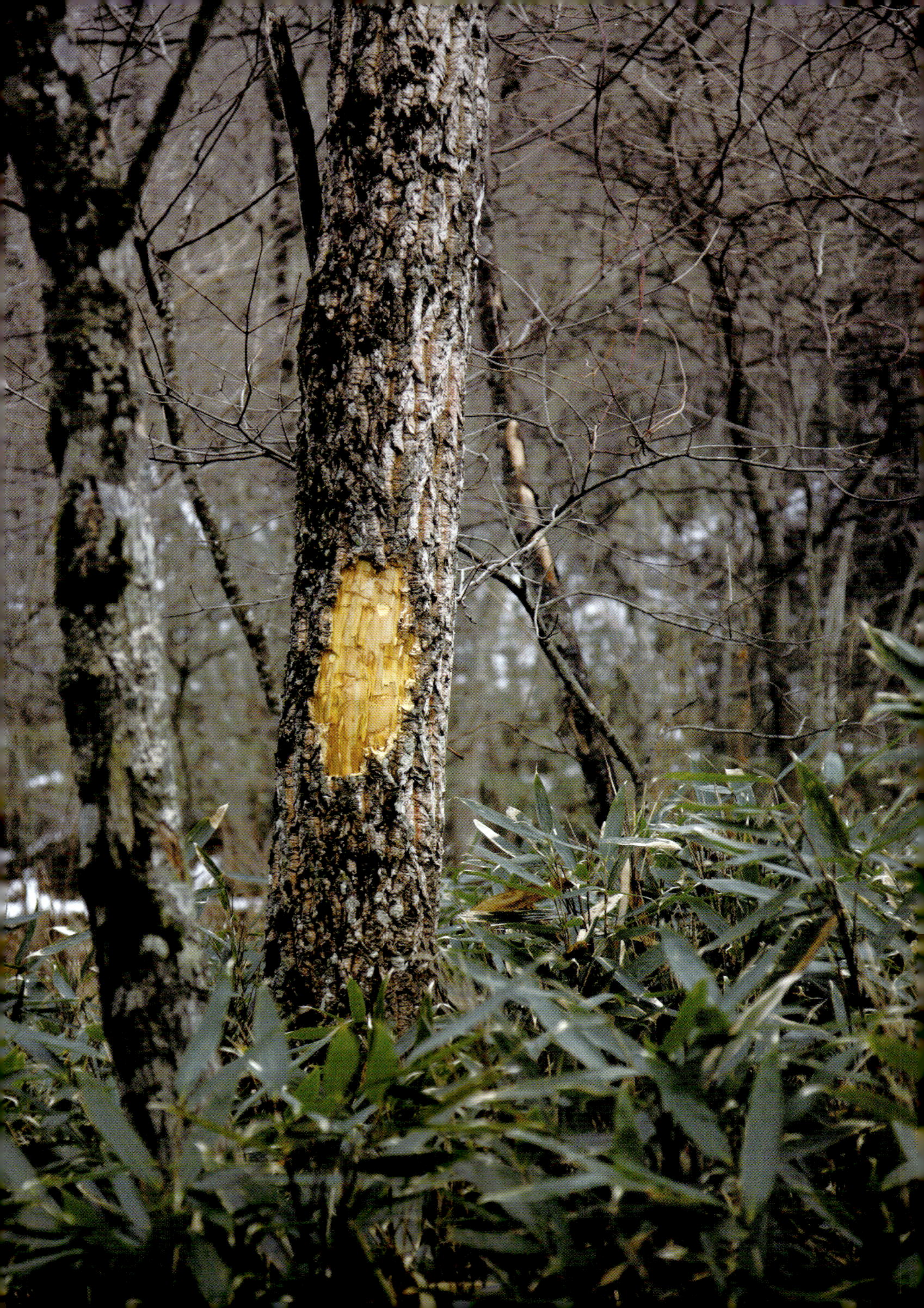

人間は神のもとで
イタク〈言葉〉を与えられた。
それは地球を守るために
与えられた。
祈ることと感謝を
忘れないように。

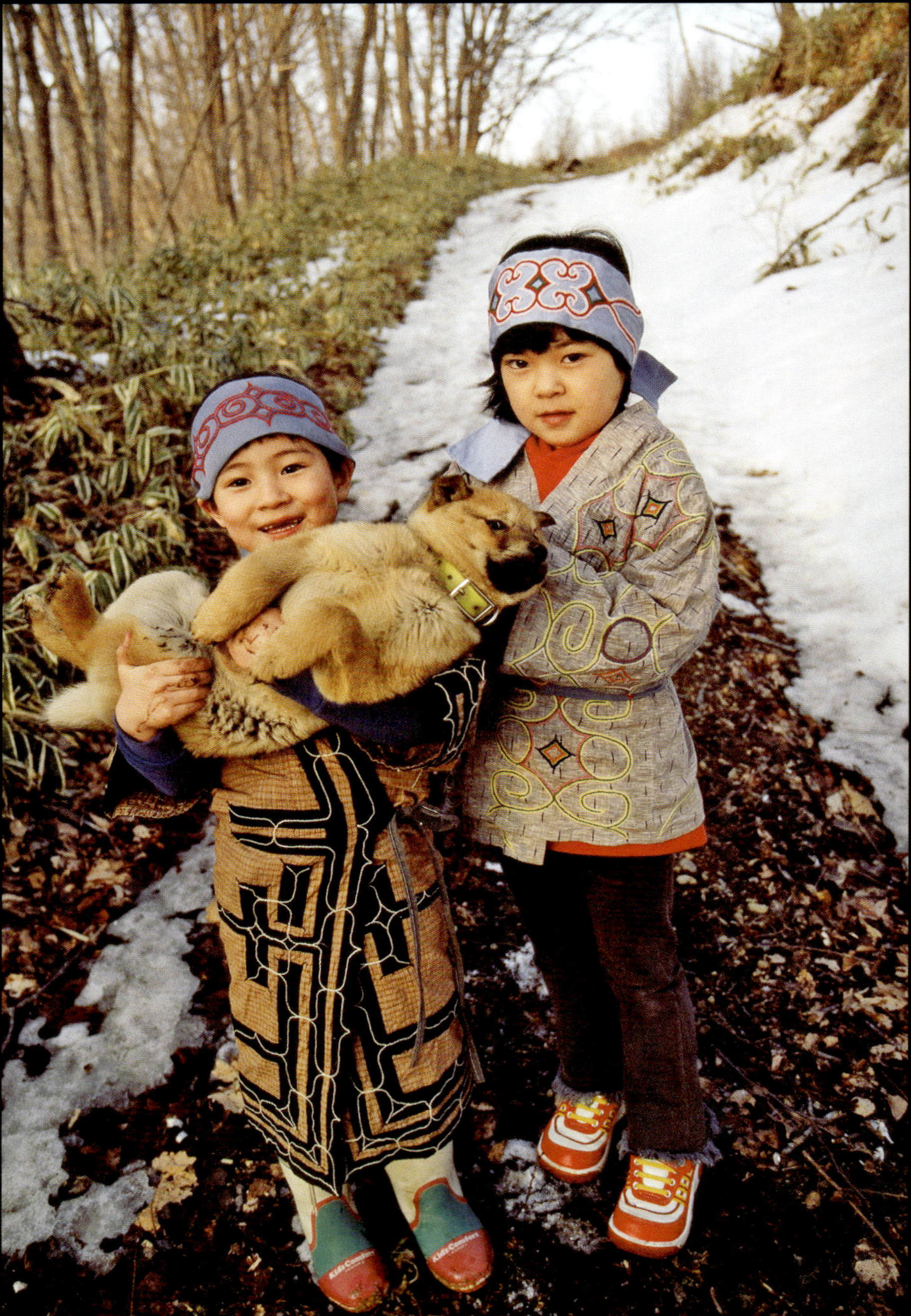

カエカ（糸撚り）をしながら談笑するアシリレラさん

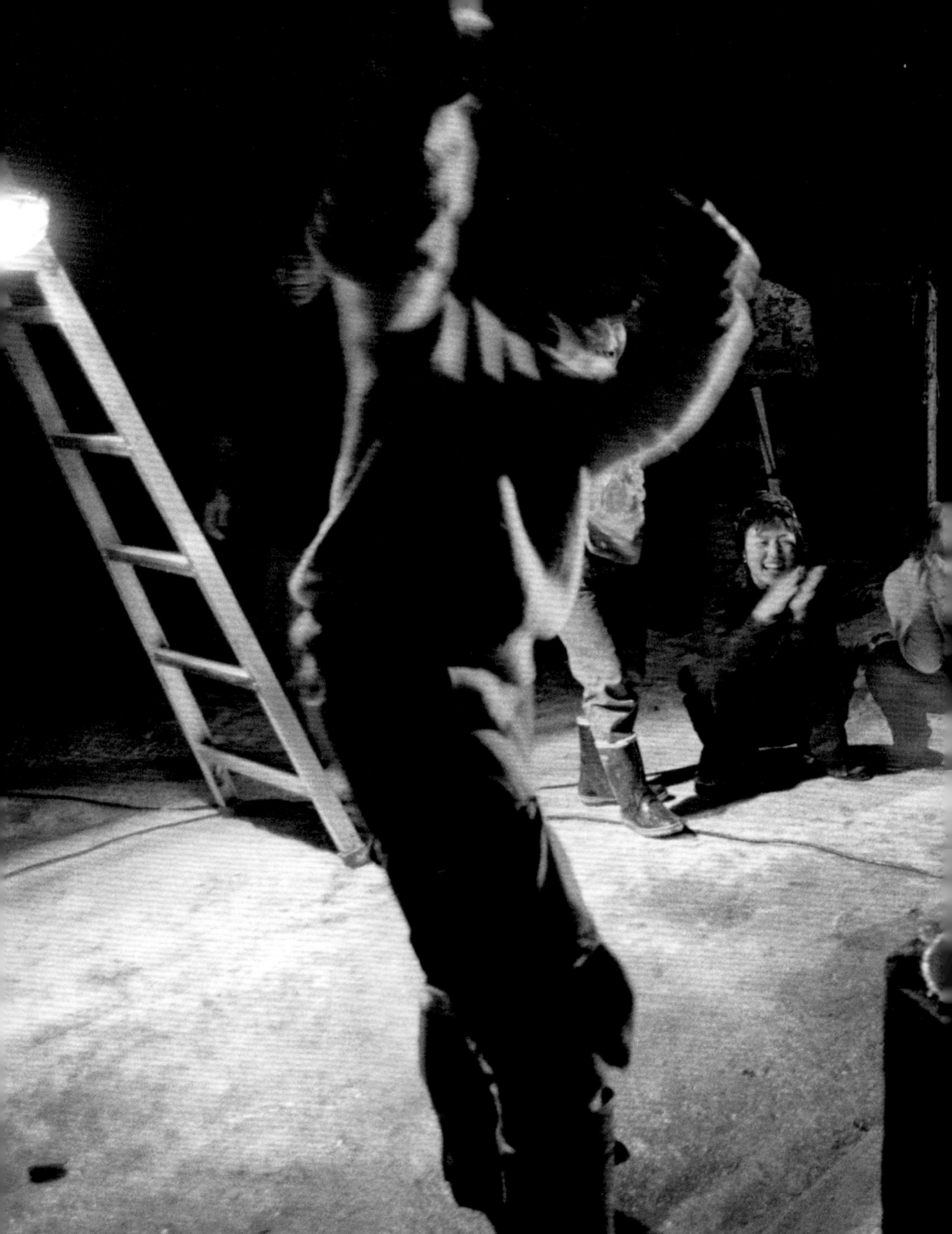

正月前の餅つき。住んでいる人数が多いうえ、あちこちにおすそ分けするので
ついてもついても終わらなくて、とうとう夜に

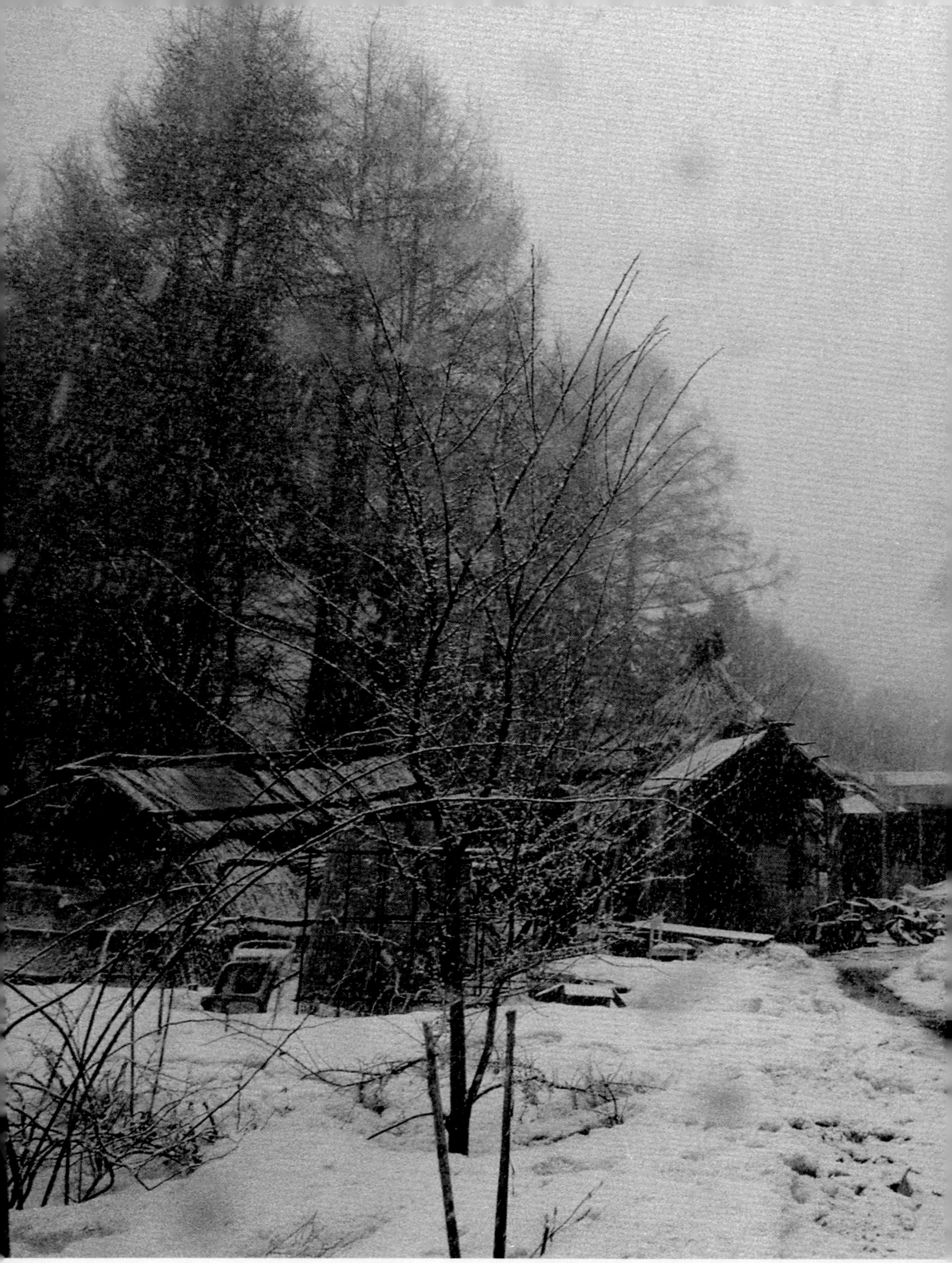

そこだけタイムスリップしたような空間。
共同生活を送る人びとが暮らすポンチセ(小さな家)群

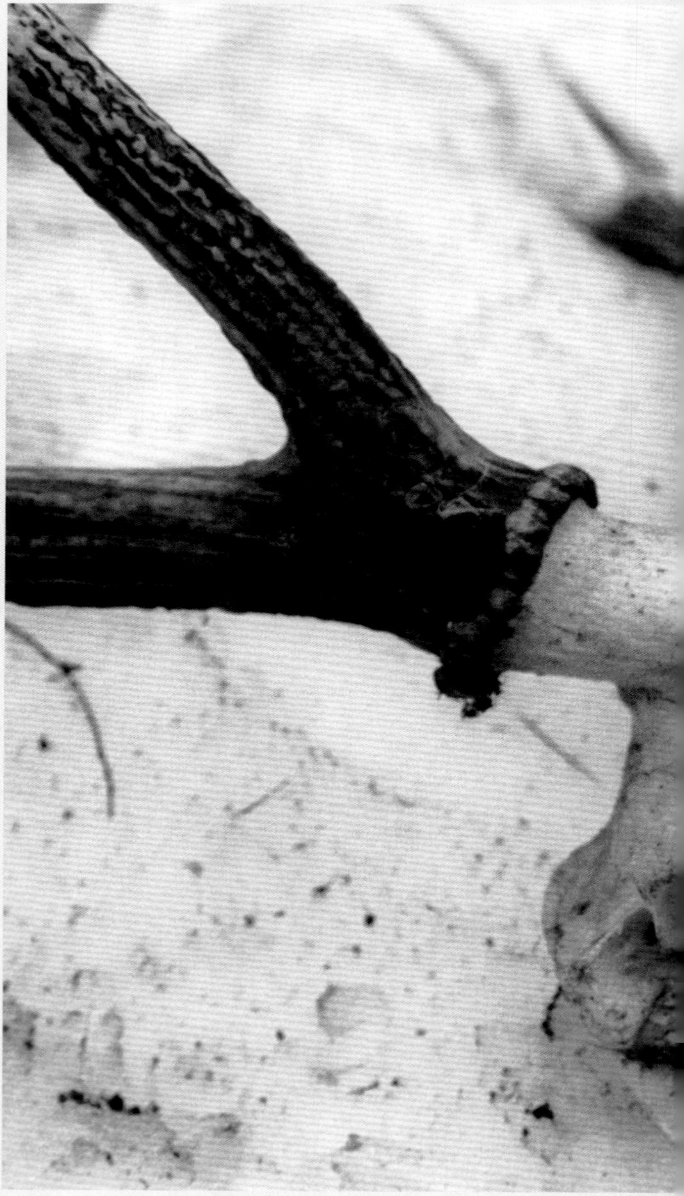

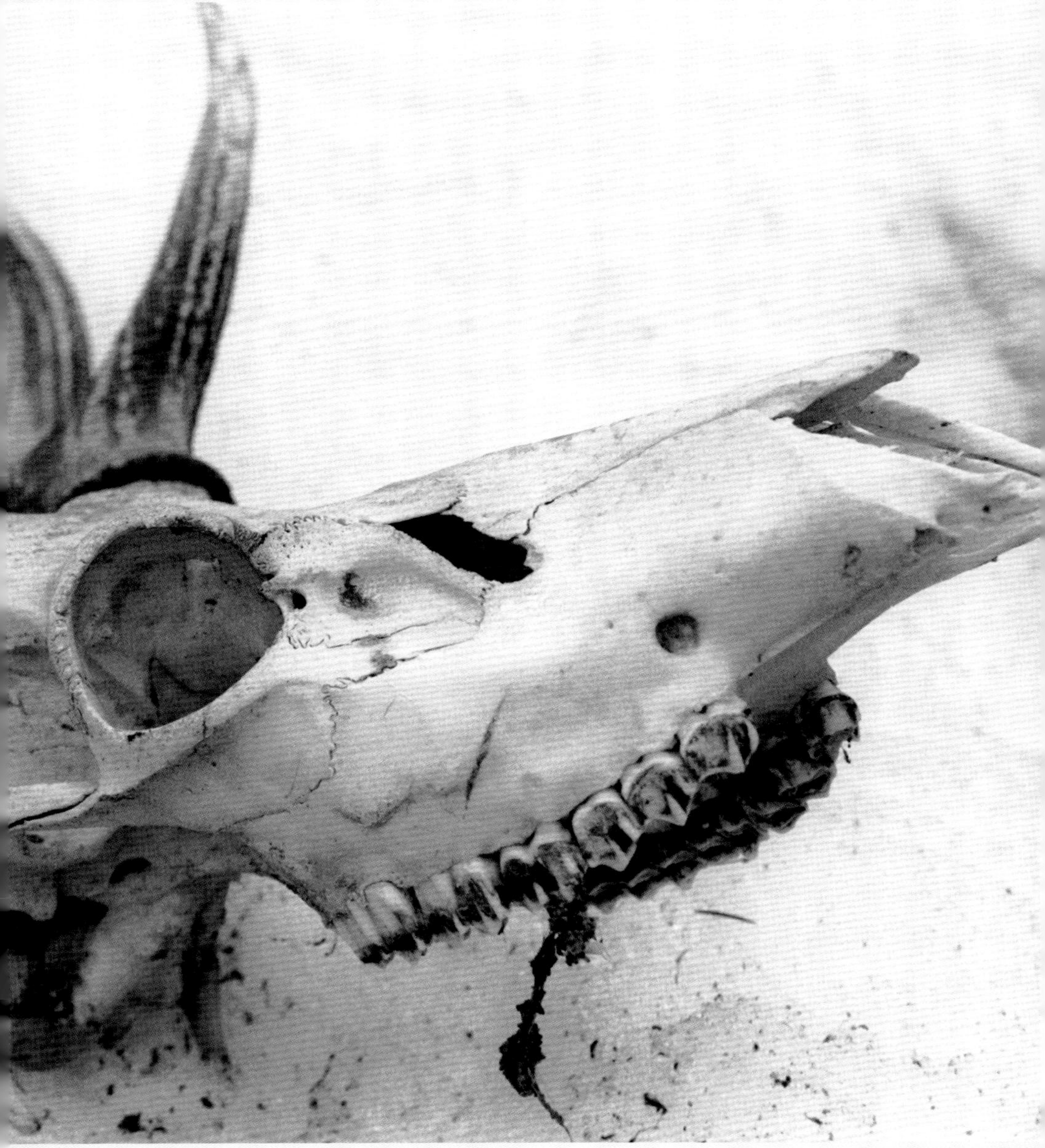

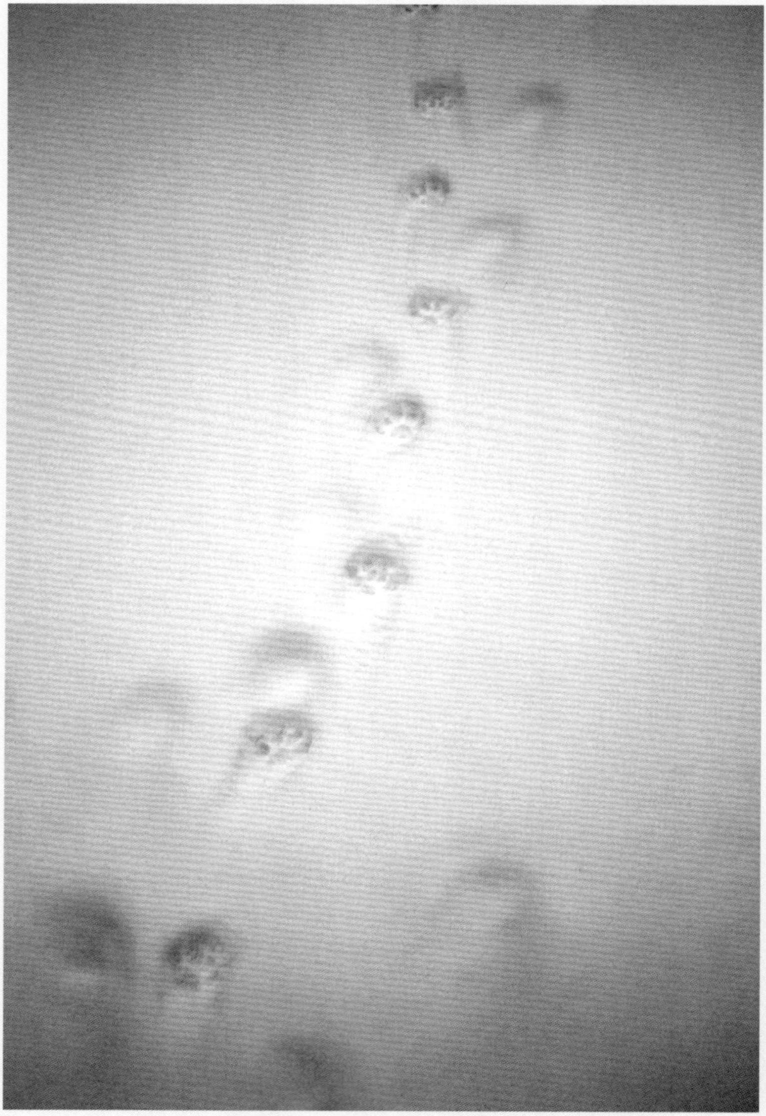

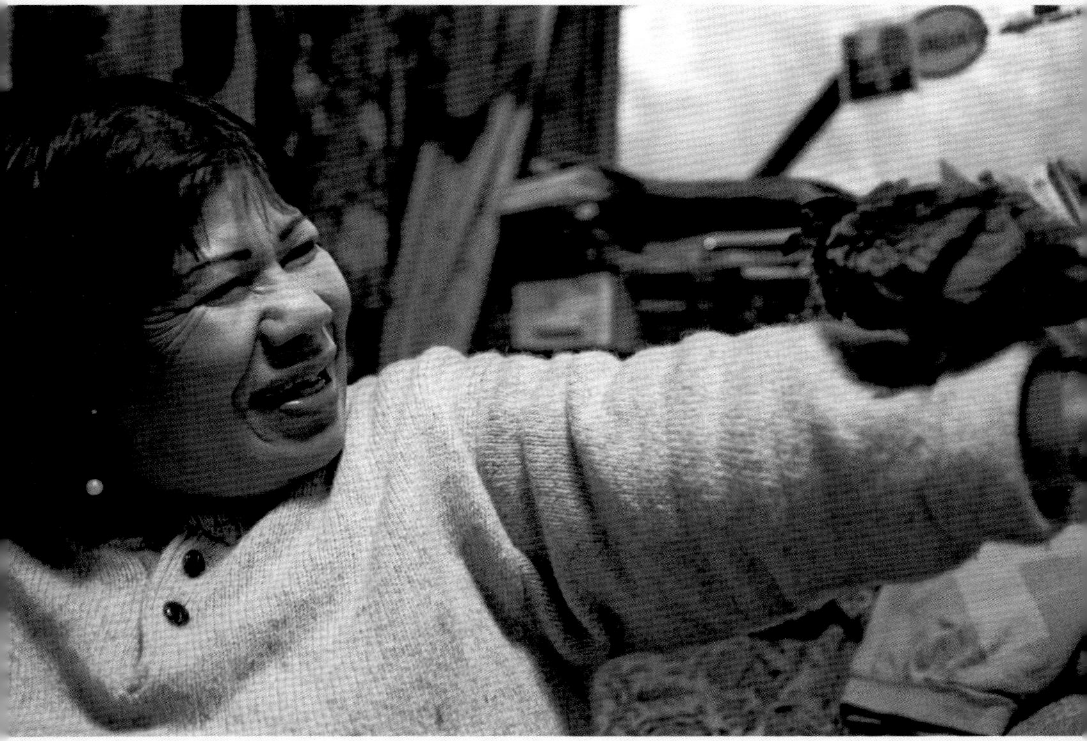

キトピロ（ギョウジャニンニク）をはじめ、さまざまな種類の山菜を採集する

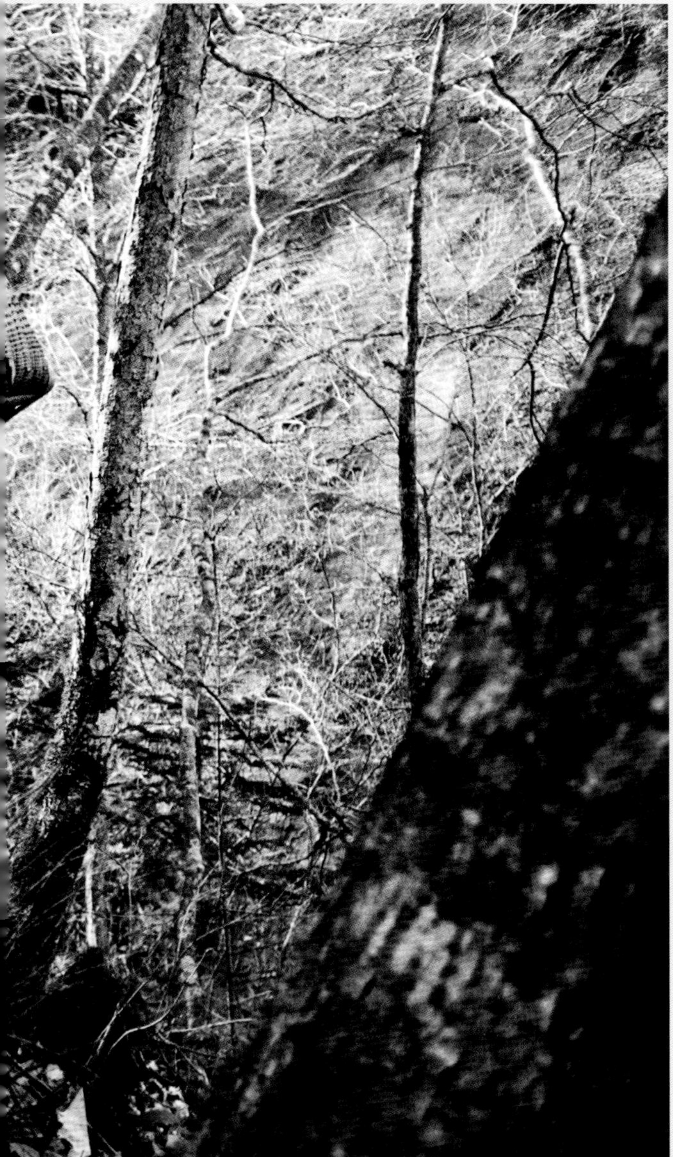

イケマ(日本語名も同じ)の根を掘り出した。
根をスライスし、白と黒の糸を通して首にかけて
魔除けにするほか、呪術にも使う

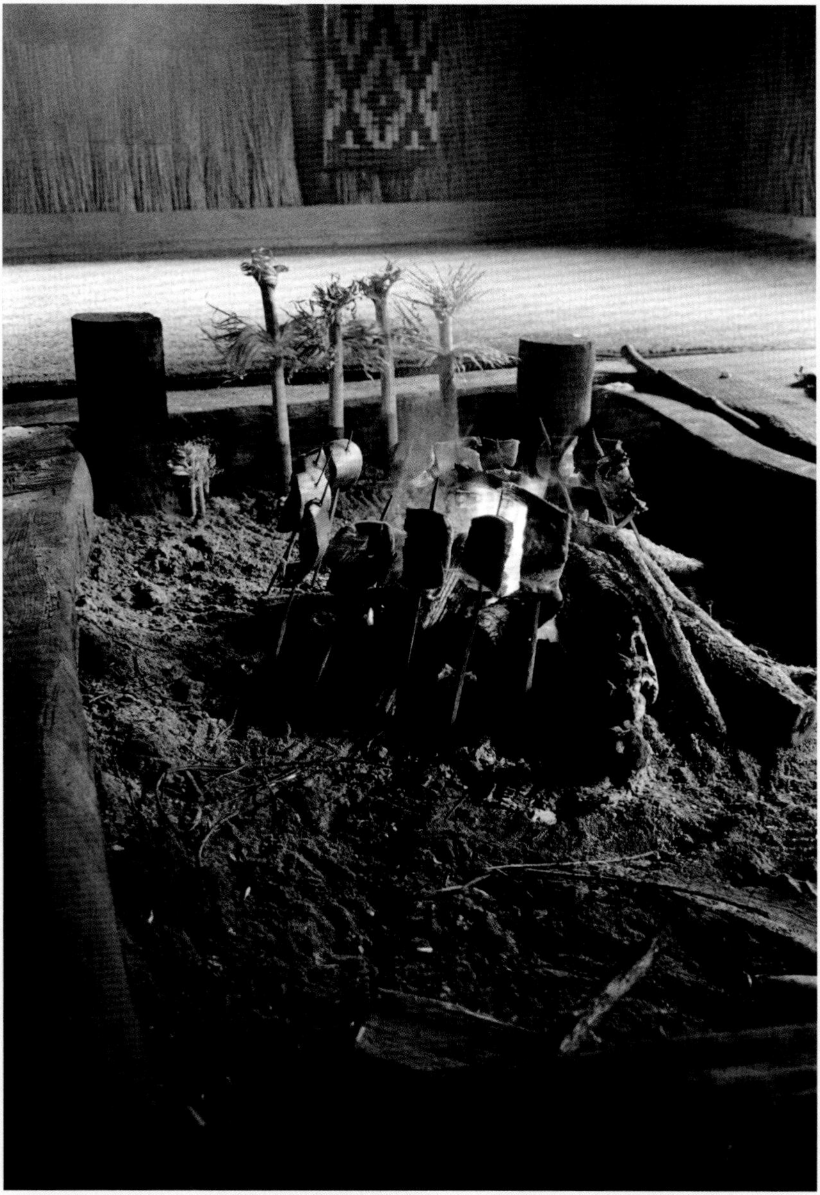

鹿の解体。
子どもたちもしっかりと見て、感謝してからいただいた

生活の中に感謝と祈りがある

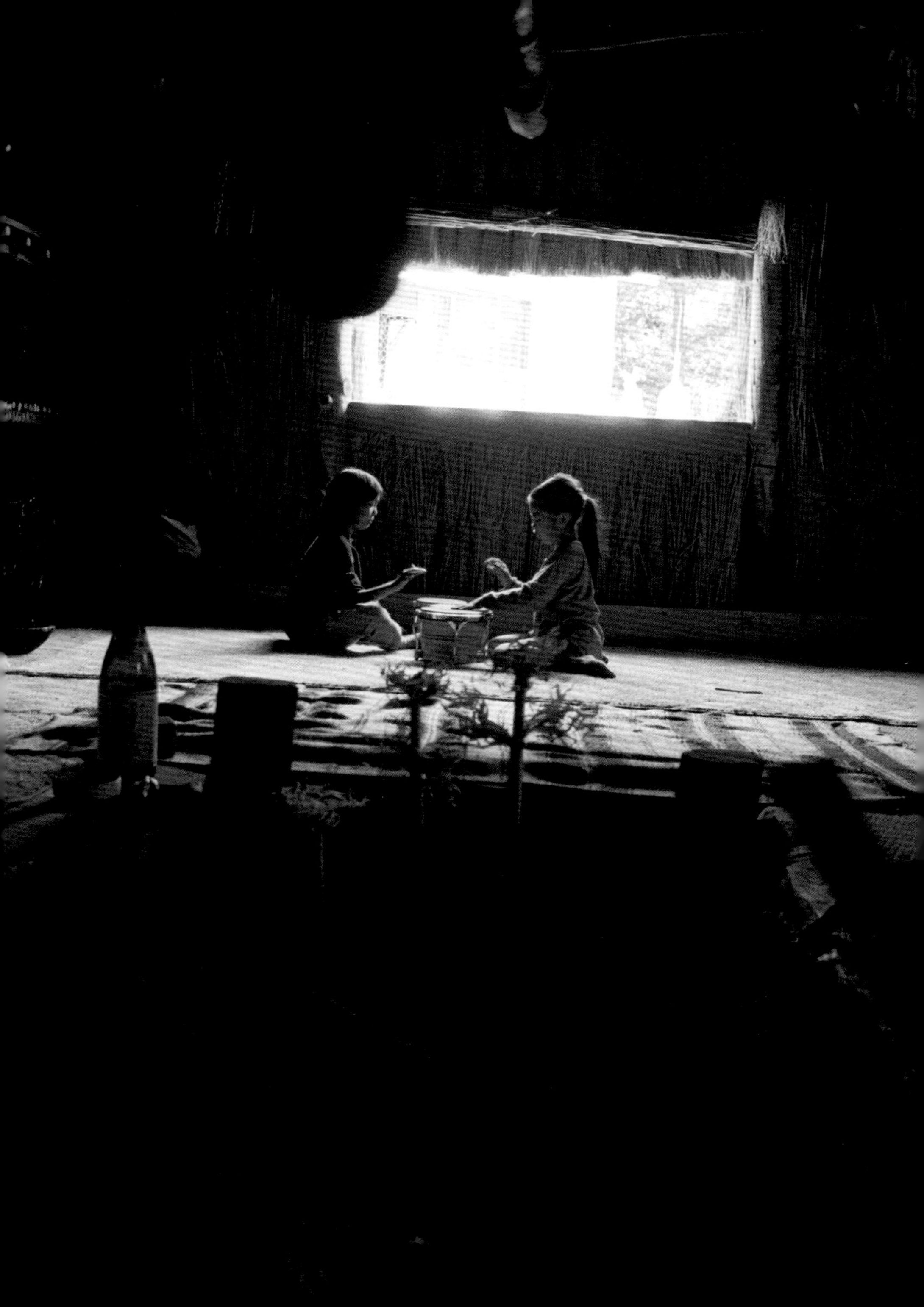

II 先住民族アイヌとして

フォー・コーナーズ（アメリカ）で祈るアシリレラさん。
ここで採掘されたウランは原爆に使われ、日本に投下された。
採掘にはホピをはじめ多くのネイティブ・アメリカンの人びとが労働力として動員され、被曝した

「自然を保護する」なんて
大それたこと。
だって、人間は自然の一部で、
自然のなかで
生かされているんだから。

セドナ(アメリカ)の聖地で。
ネイティブ・アメリカンの人びととともに祈る

国境をなくして、
人と人との境界線を引かず、
国の支配をなくすべき。
国は侵略のとりで。
国があるかぎり
戦争が起こる。

日本に輸出するウッドチップ（紙の原料の木片）として有効な木を植えるために、
ナパーム弾で焼き払われ、根絶やしにされたタスマニア島（オーストラリア）の原生林

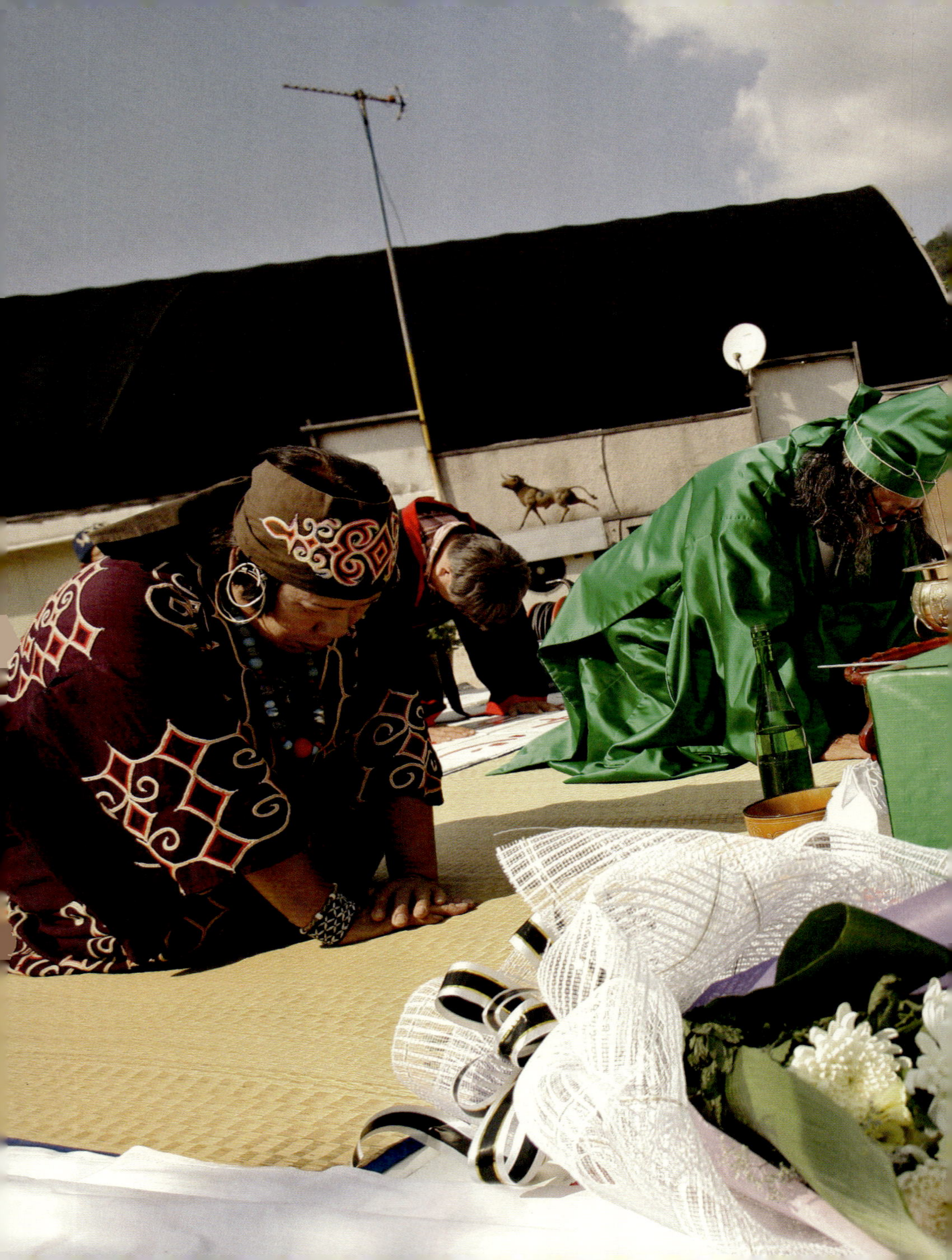

35年前に若くして交通事故で亡くなった夫のルーツ、韓国。
やっと訪ねることができたアシリレラさんは、韓国・朝鮮式で夫の供養をした

北アリゾナ（アメリカ）に世界中から
先住民族の長老が集い、叡智を分かち合った。
スピーチするハバスパイ民族のリーダー、ユークアラさん

アメリカのナバホ民族との交流の旅。
ナバホ民族が管理しているモニュメントバレー・ナバホ・トライバル・パークにて。
後方の岩の形を真似る

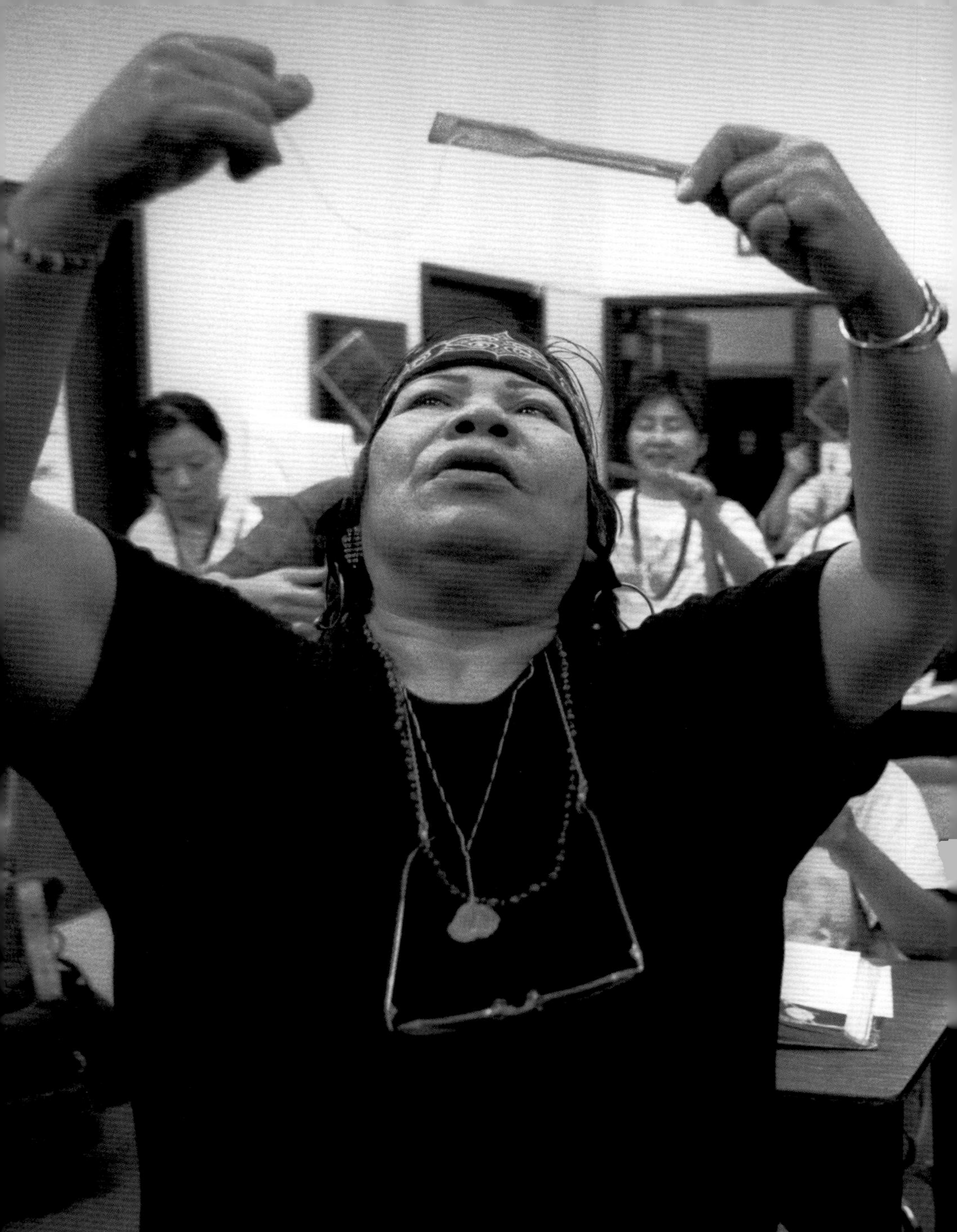

ナバホ民族の小学校で、アイヌ民族の伝統楽器ムックリを教える。
生徒はナバホ語と英語の両方を学び、パソコンにはナバホ語も入っている

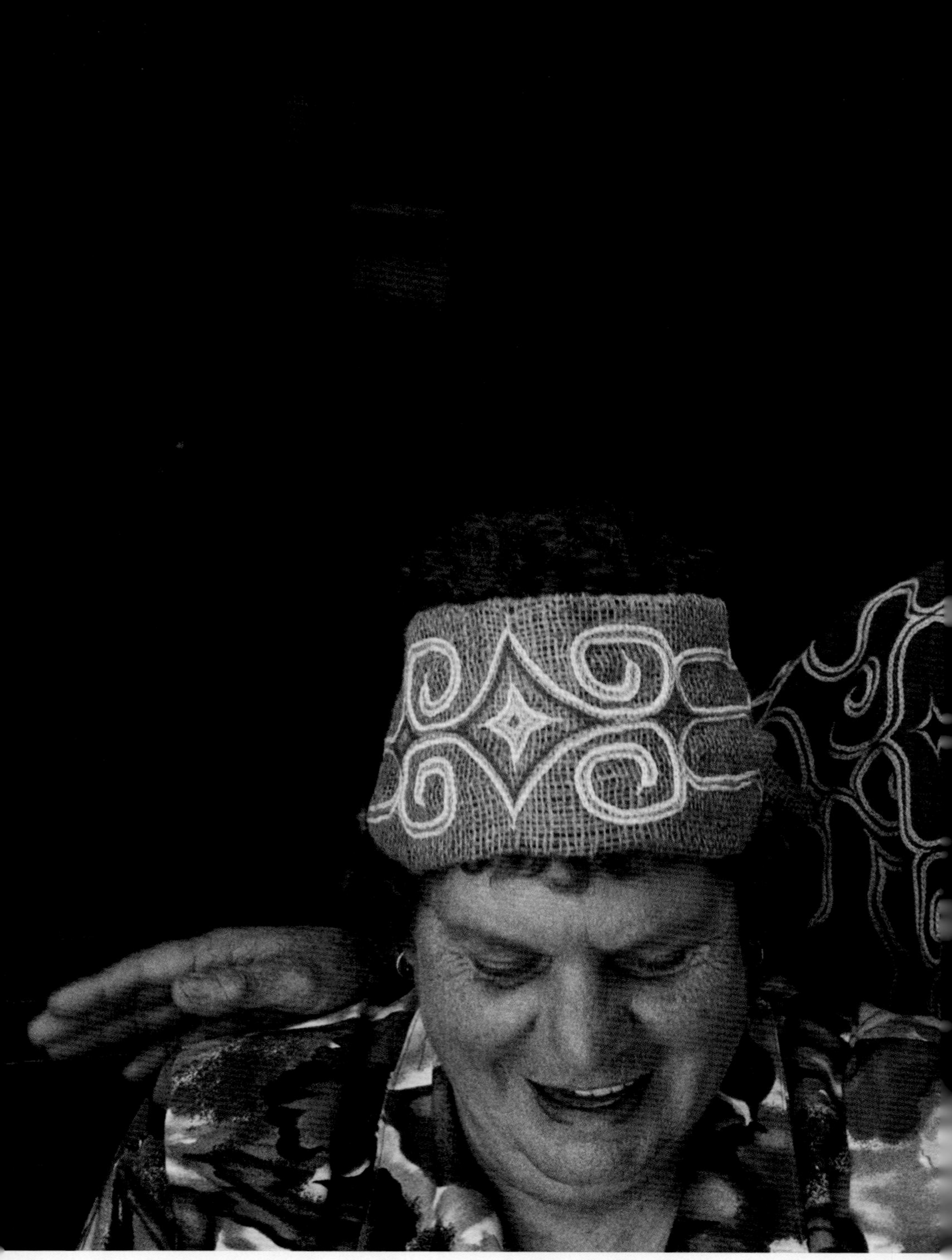

タスマニア島でアボリジニ(先住民族)の長老と交流

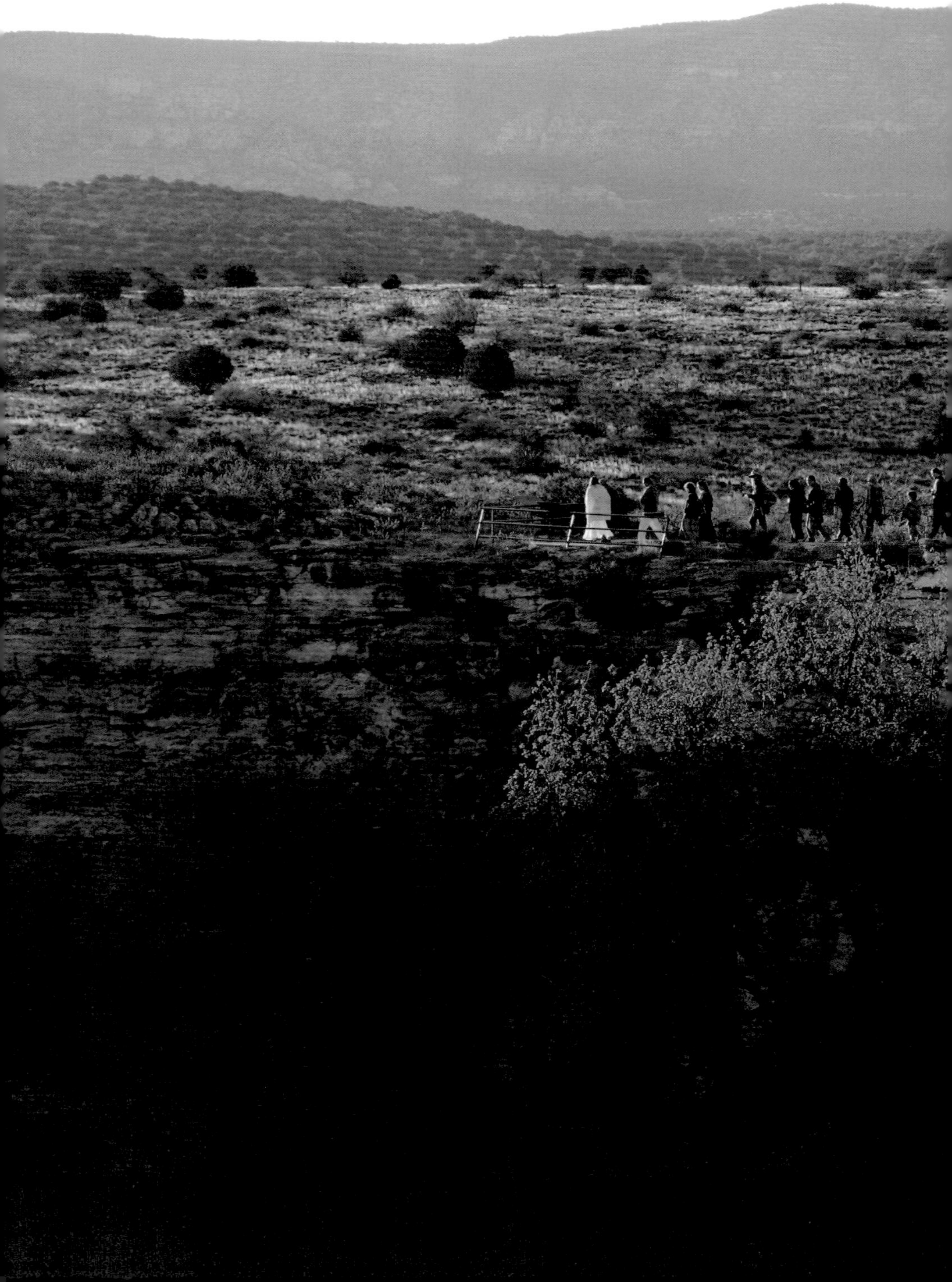

古代ネイティブ・アメリカンの建物の遺構が残されているアリゾナのモンテズーマ・ウェル。
日の出のセレモニーの後、聖なる泉に向かう

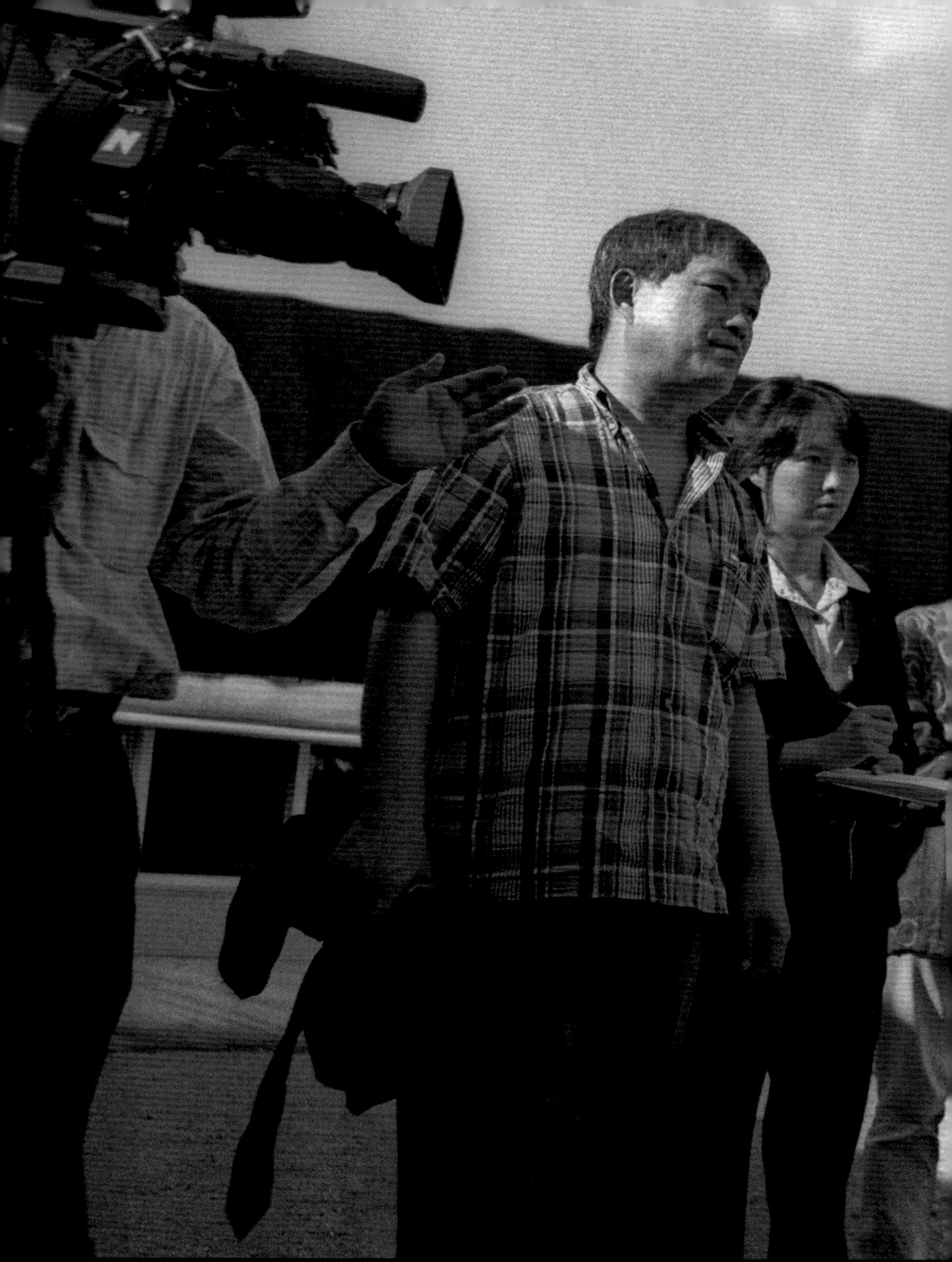

韓国でテレビ局のインタビューを受ける。「夫を供養していただき感謝していますが、いまだに供養されていないたくさんの在日韓国朝鮮人の霊がいます。日本政府に認めさせて供養できるよう、運動を続けたい」

最後の先住タスマニア人といわれた女性、トルガニーニ(1876年没)の肖像を掲げ、
「絶滅したというのは間違いだ」と話すタスマニア・アボリジニの女性リーダー

アリゾナにて。
セレモニーの後、夕日の中で
ひとつになって踊る参加者たち

タスマニア・アボリジニの踊りを習うアシリレラさん

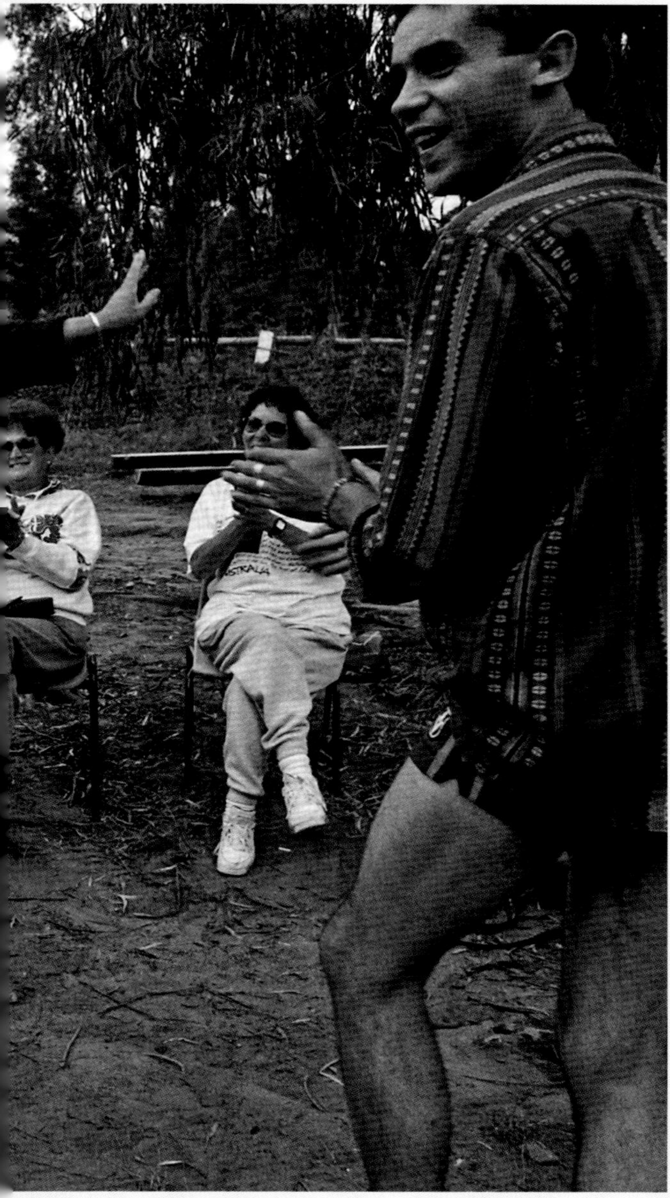
AUSTRALIA

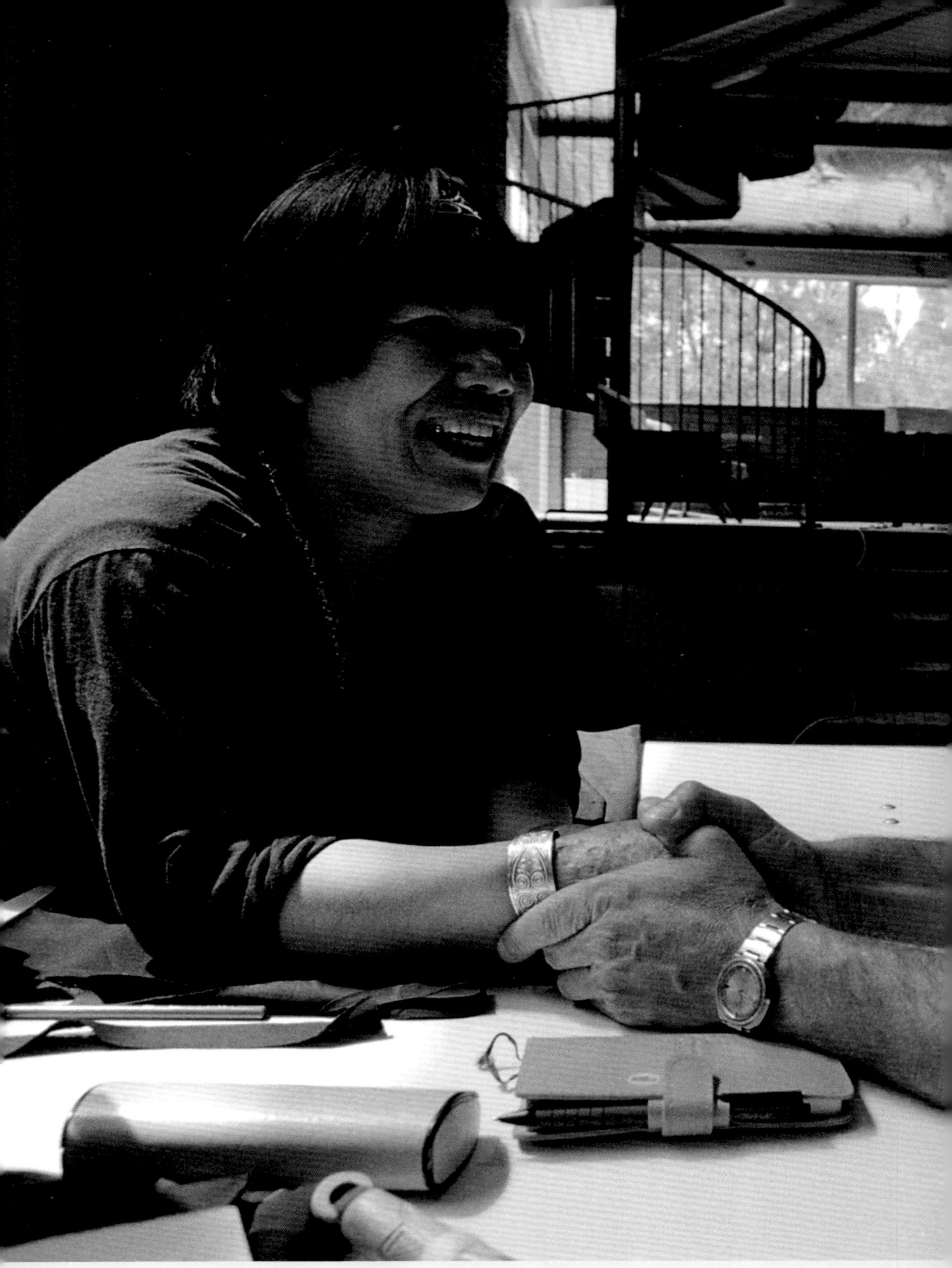

タスマニア・アボリジニのリーダー、ジム・エベレットさんと

アリゾナにて

Ⅲ 二風谷(にぶたに)に生きる

二風谷の「山道アイヌ語学校」

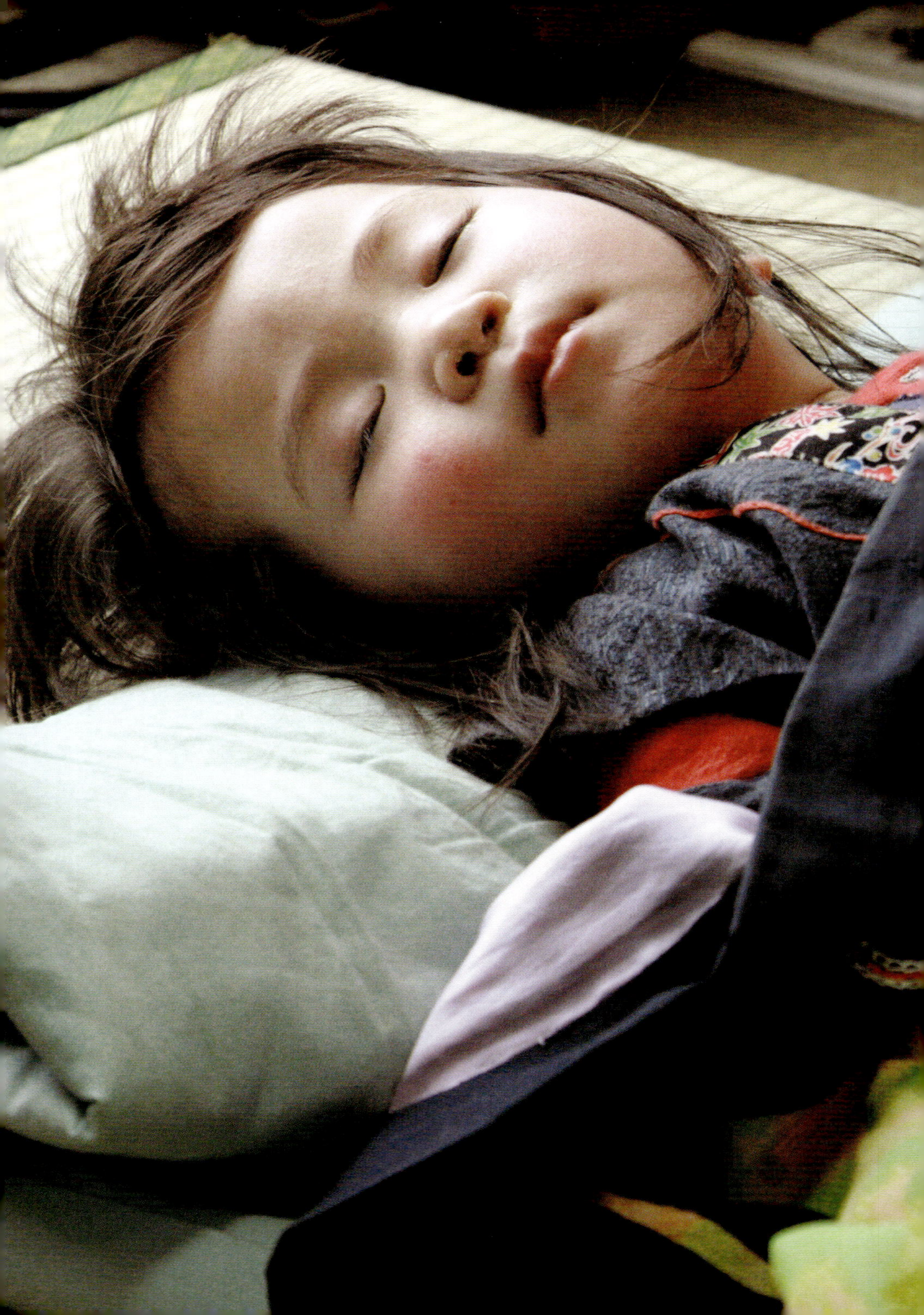

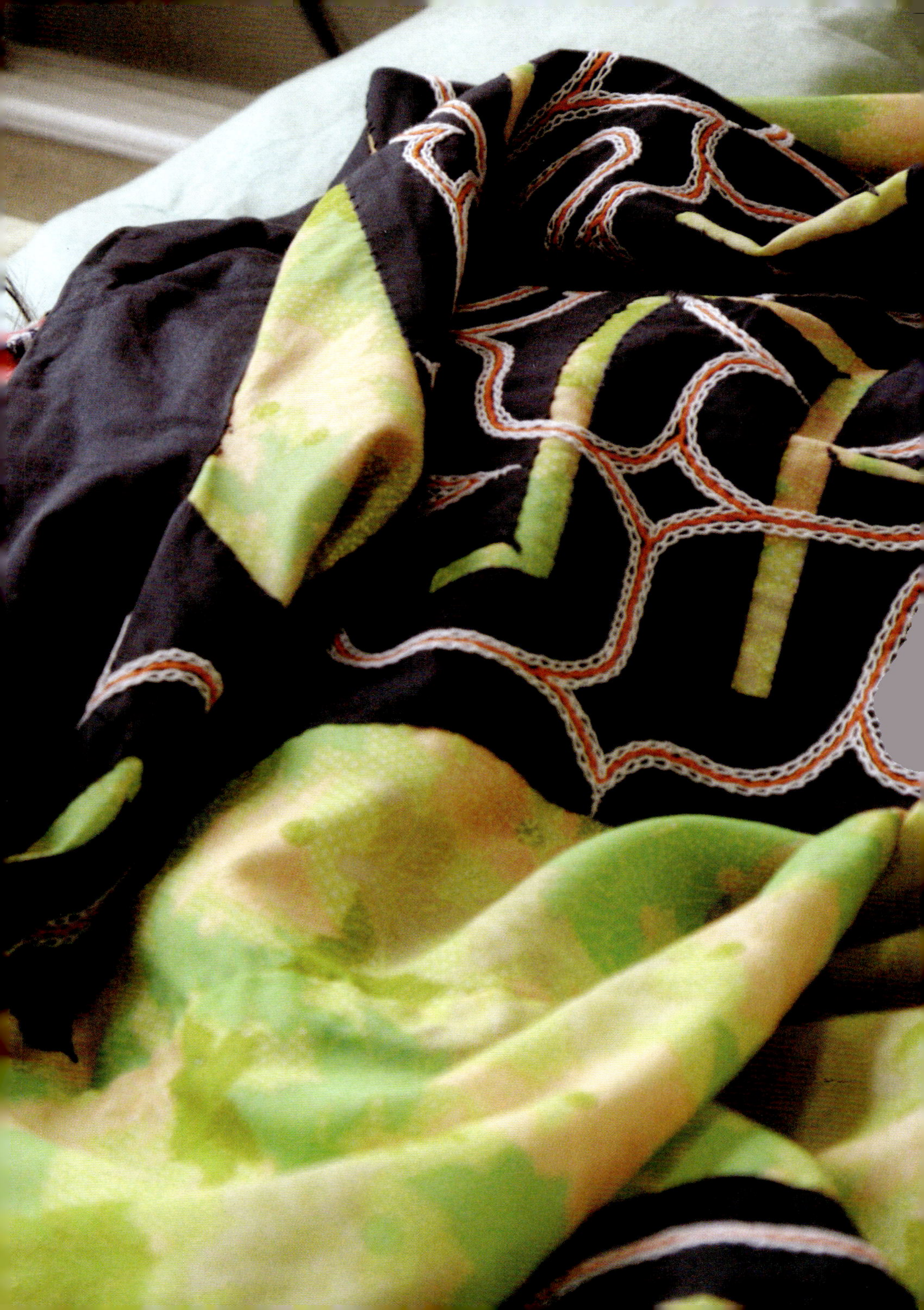

カムイノミ(神への祈り)の儀式。
戸外のヌサ(祭壇)に祈りを捧げに向かう

自分の彫った作品とともに

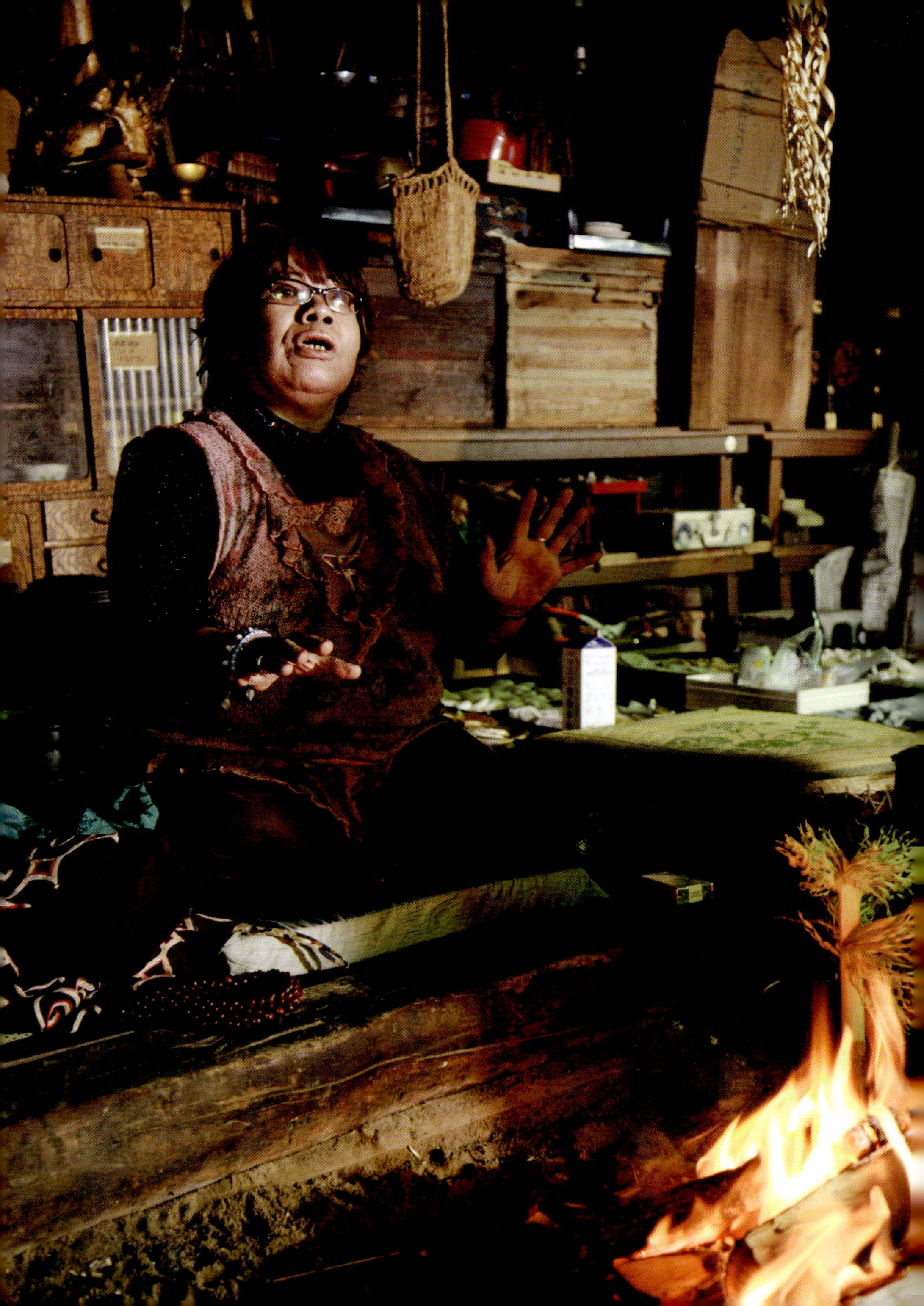

儀式の時に欠かせないシト（団子） 　　オハウ（具のたくさん入った汁もの）

採れたての山菜

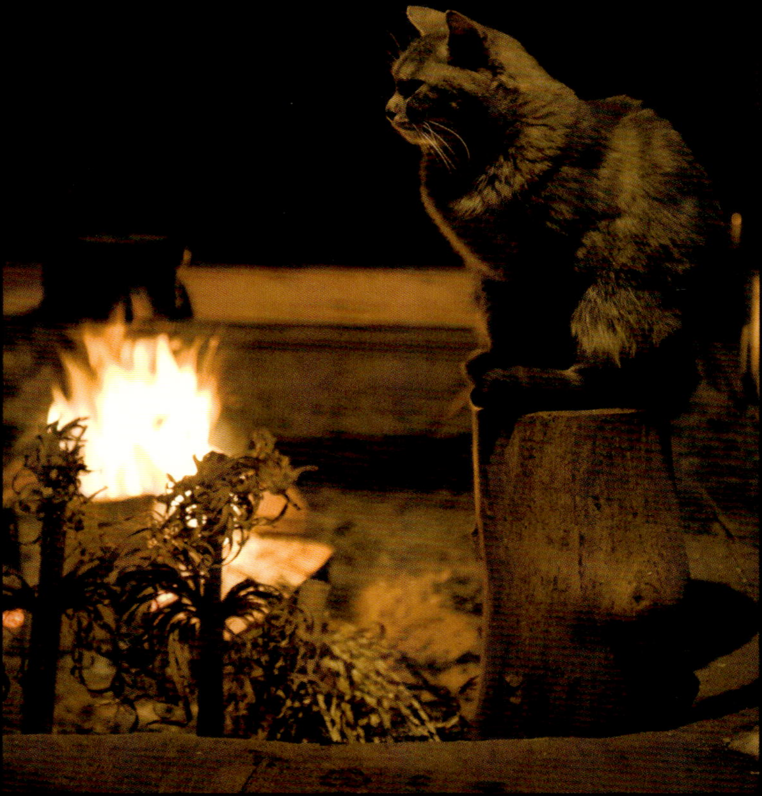

アイヌ式の結婚式。
花嫁は自分で刺繍したマタンプシ（はちまき）を花婿に贈り、
花婿は自分で彫ったメノコマキリ（女用小刀）を花嫁に贈った

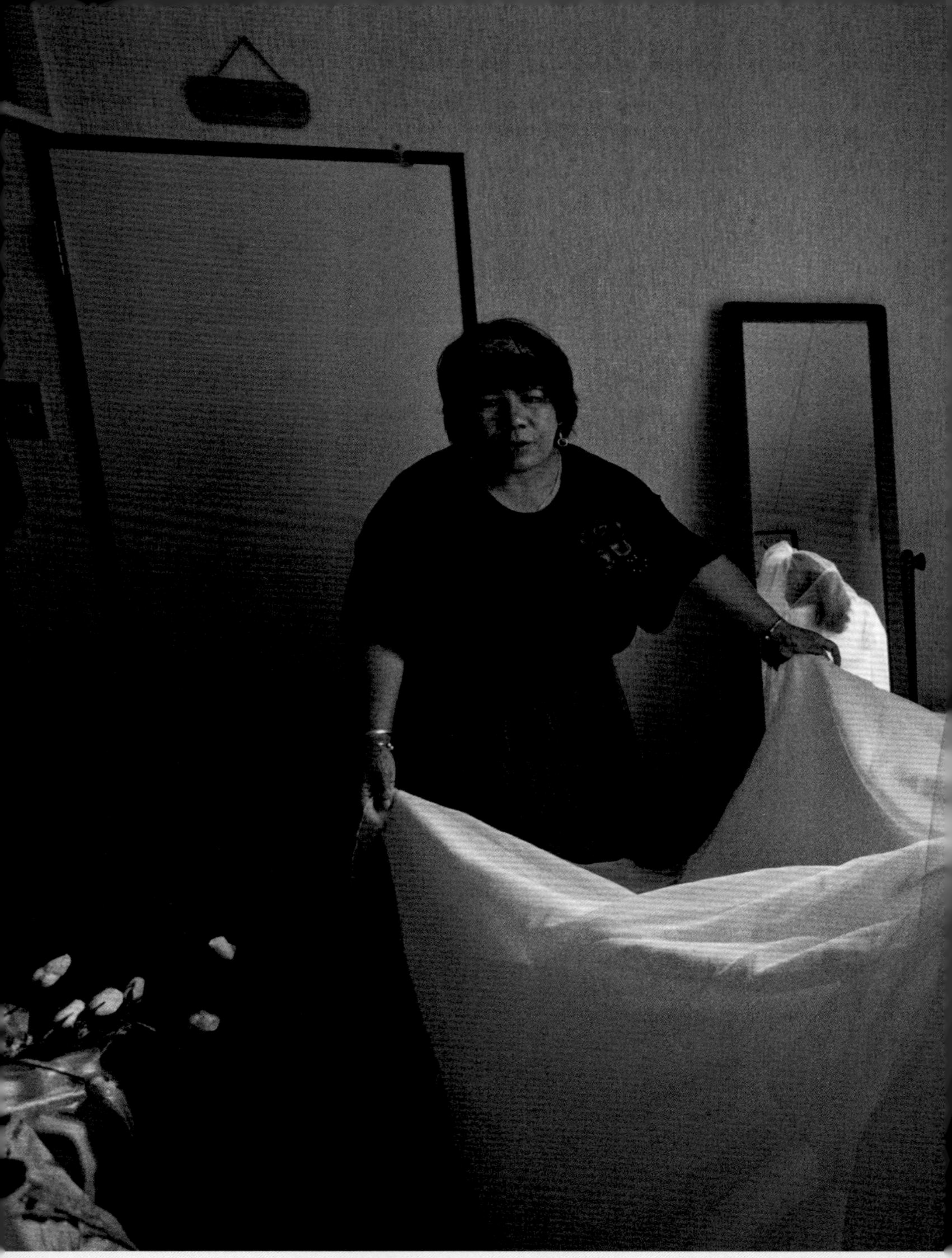

共同生活している仲間からカップルが生まれた。
育ての母としての至福の時だ

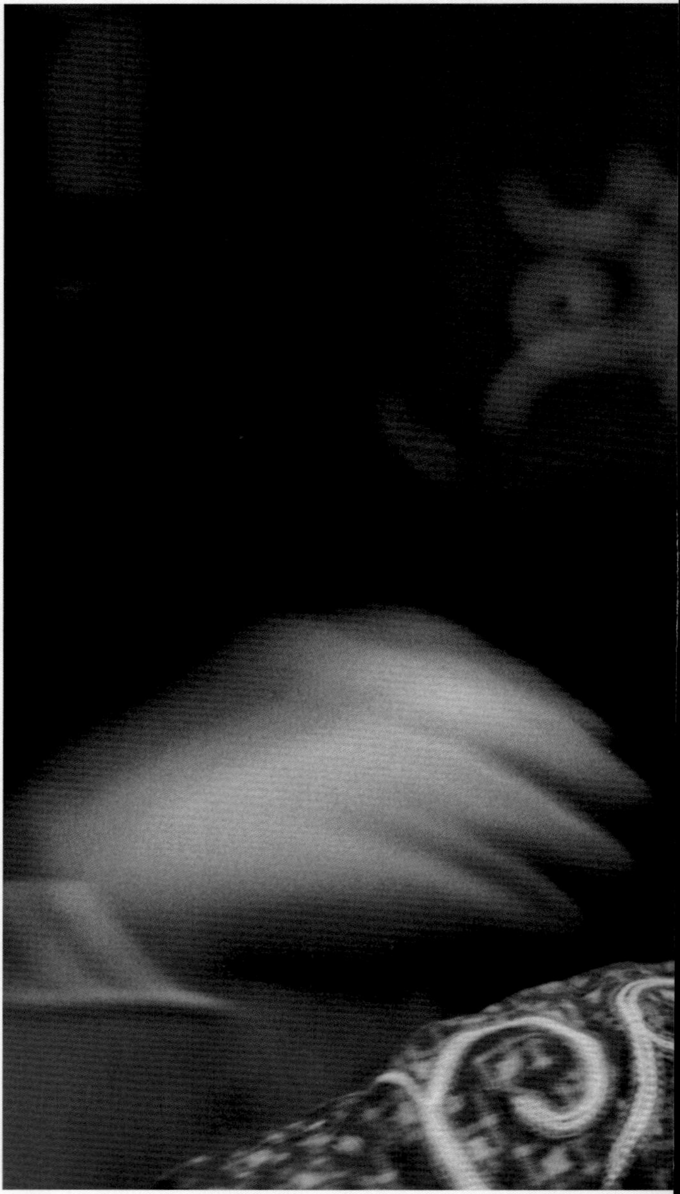

伝統の楽器ムックリ（口琴）。
もともとは自然の音を描写したり、
愛しい人に思いを伝えるのに使われたという

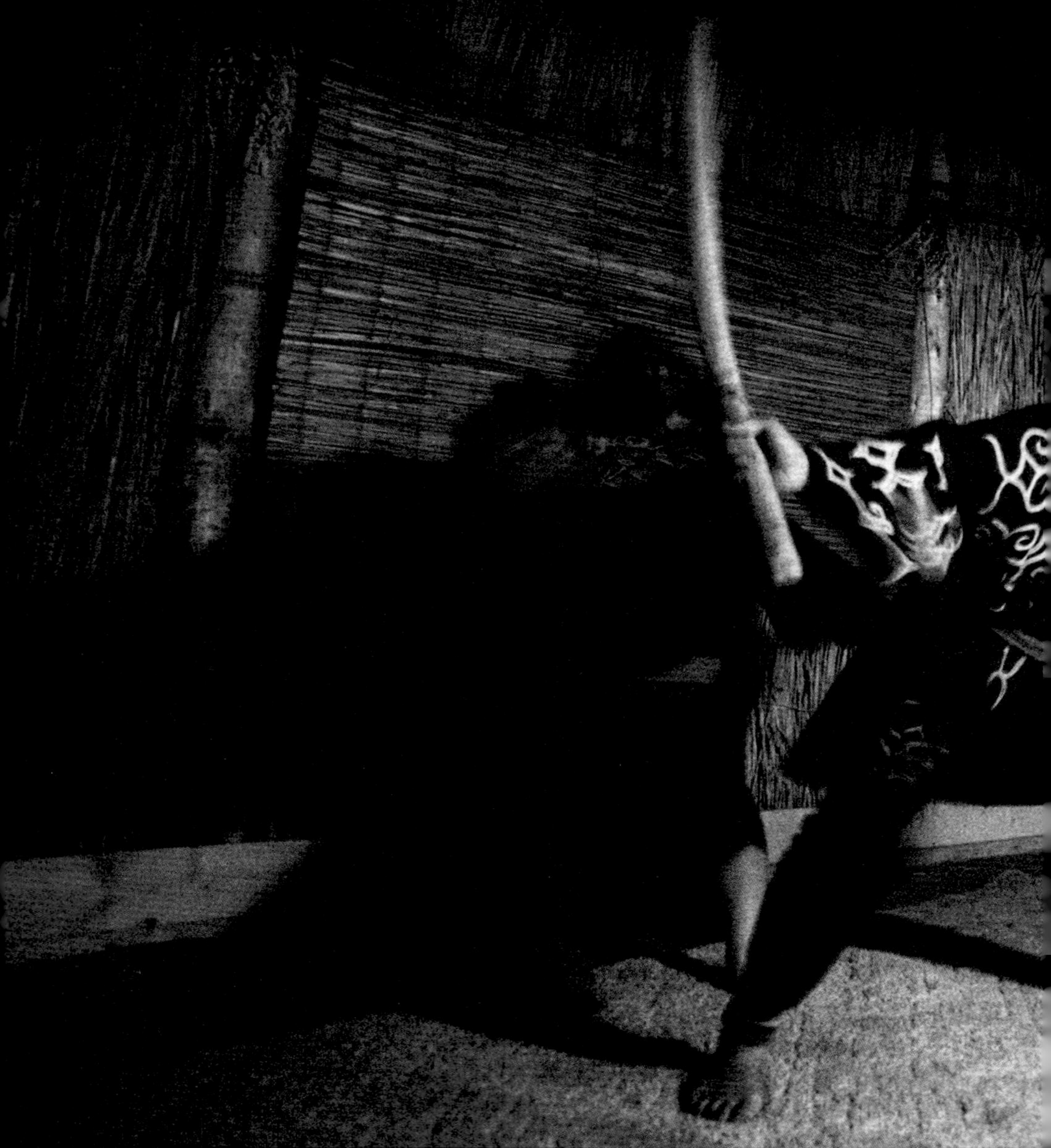

ポロチセ(大きい家)の中でエムシ リムセ(剣の舞)を踊る。
二度と戦いを繰り返すまいという戒めが込められている

イナウケ（イナウ＝木幣をつくる）

厄払いのヨモギの人形をつくる

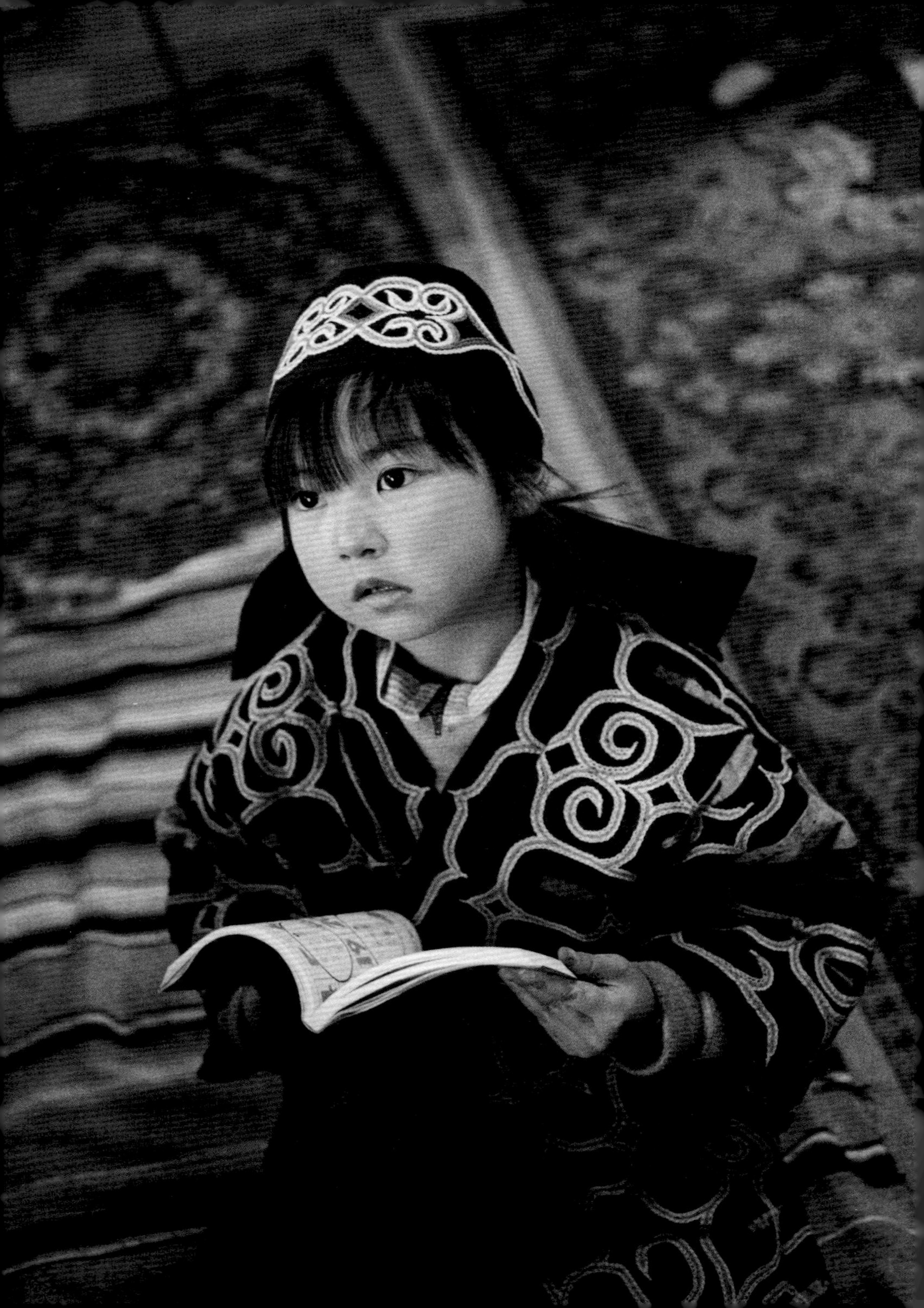

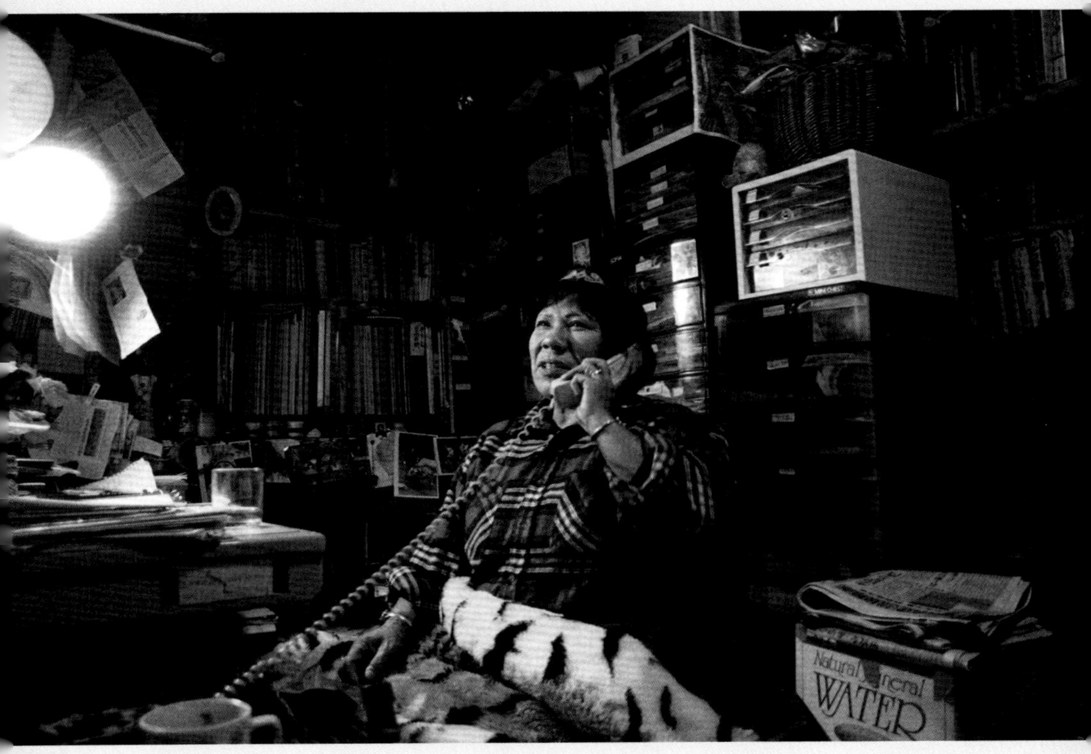
Natural Mineral
WATER

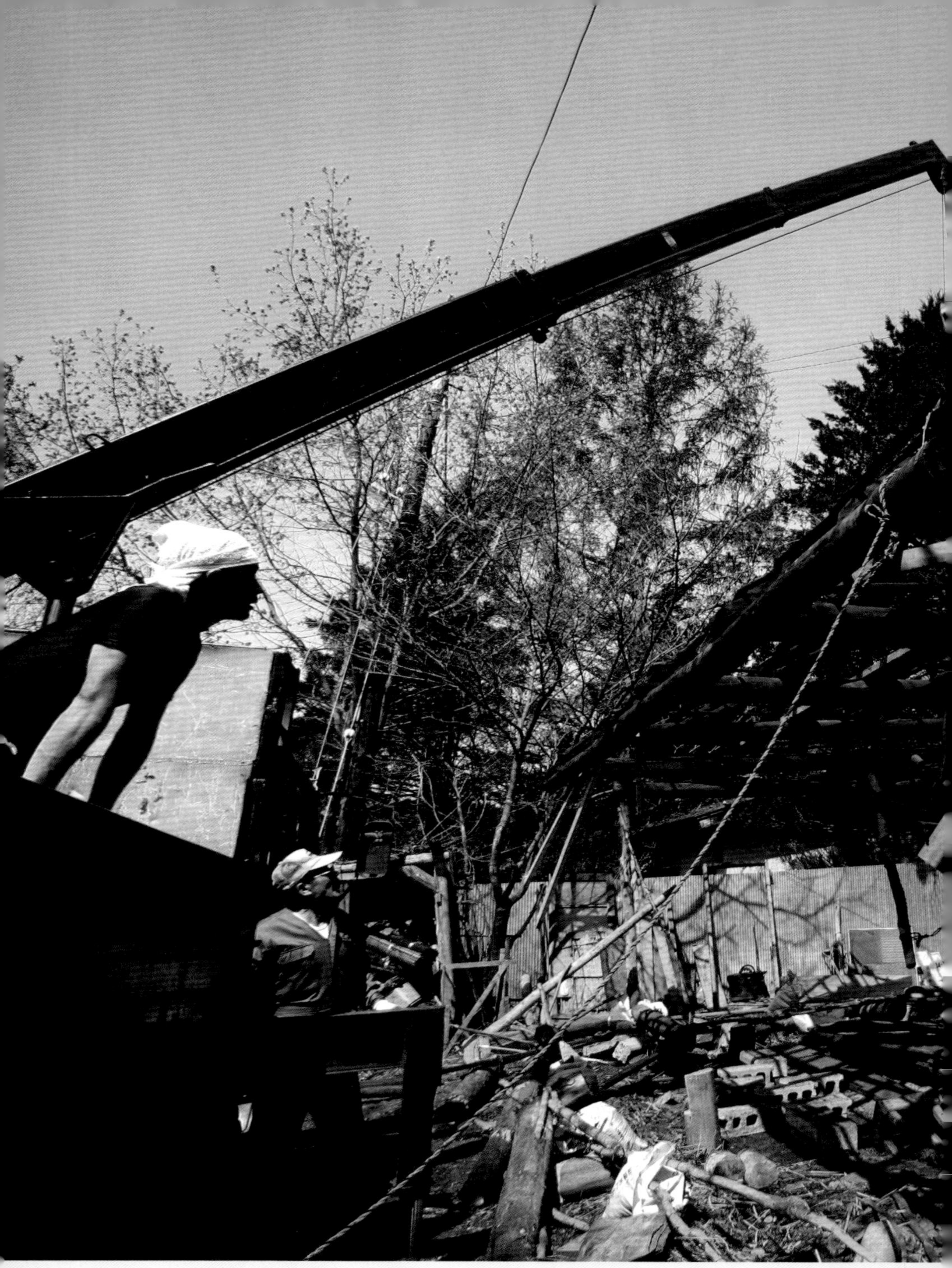

ポロチセ(大きい家)の葺き替え作業

ポンチセ（小さい家）を建てる。
家づくりは先人たちの智恵を改めて感じる時でもある

熊の皮をなめす

メノコクワ（女の墓標）。
このような昔ながらの墓は、今ではとても少ない。
多くは普通の墓石に取って代わった

撃たれて放置されていた熊が運び込まれた。
急遽、熊の魂を神の国へ送り返す儀式を執り行う

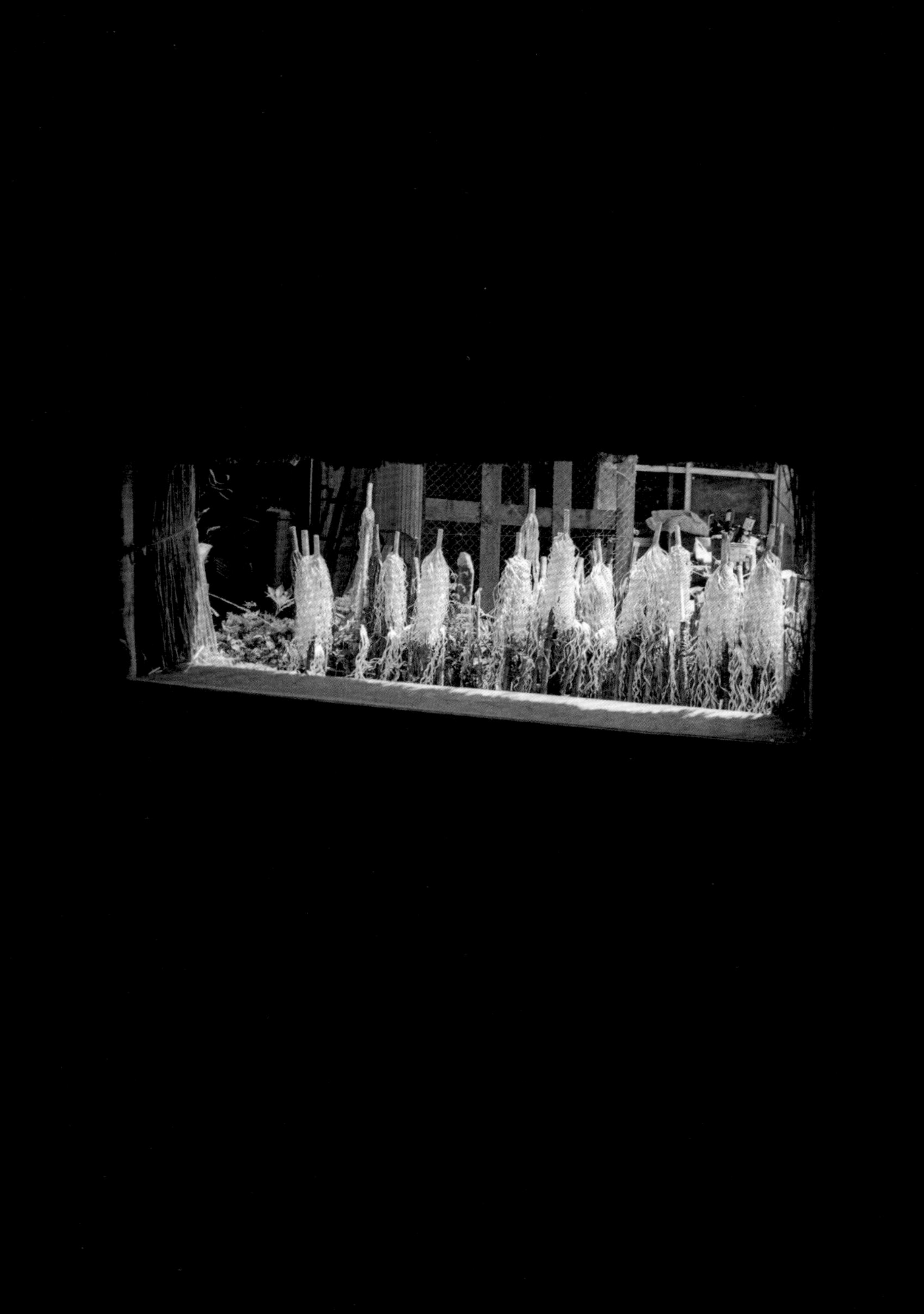

アペフチ(火の神)に祈りを捧げる

明治初期、新冠(にいかっぷ)に建設された軍馬育成御料牧場の都合で、大正期に強制移住させられたアイヌ民族。
山を越えてたどり着いた移住先である平取町(びらとりちょう)貫気別(ぬきべつ)旭で、
毎年8月、世界中の抑圧された民族のために「アイヌモシリ一万年祭」が催される。
「一万年祭」主宰者のアシリレラさんはこう訴える。
「一万年前はすべての民は神の子で、大地はウレシパ・モシリ(互いに育ち、育み合う大地)であったのに。
人間は欲のために殺し、奪い合い、血と破壊の歴史は繰り返された。一万年前の原点に戻ろう」

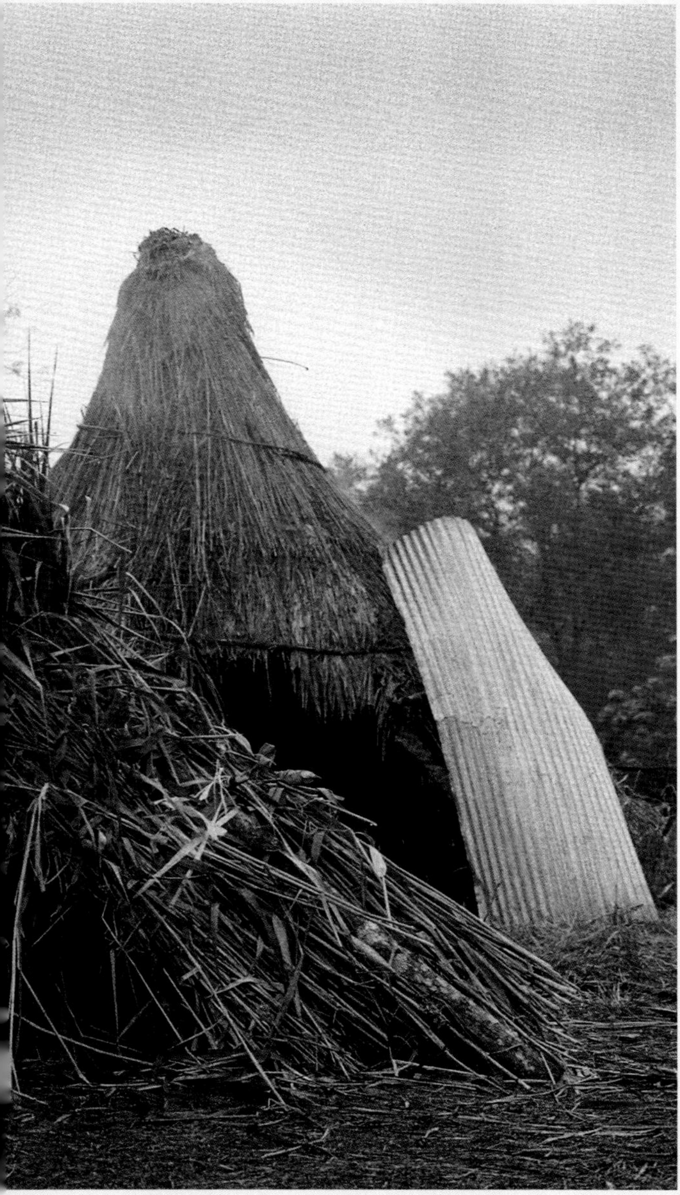

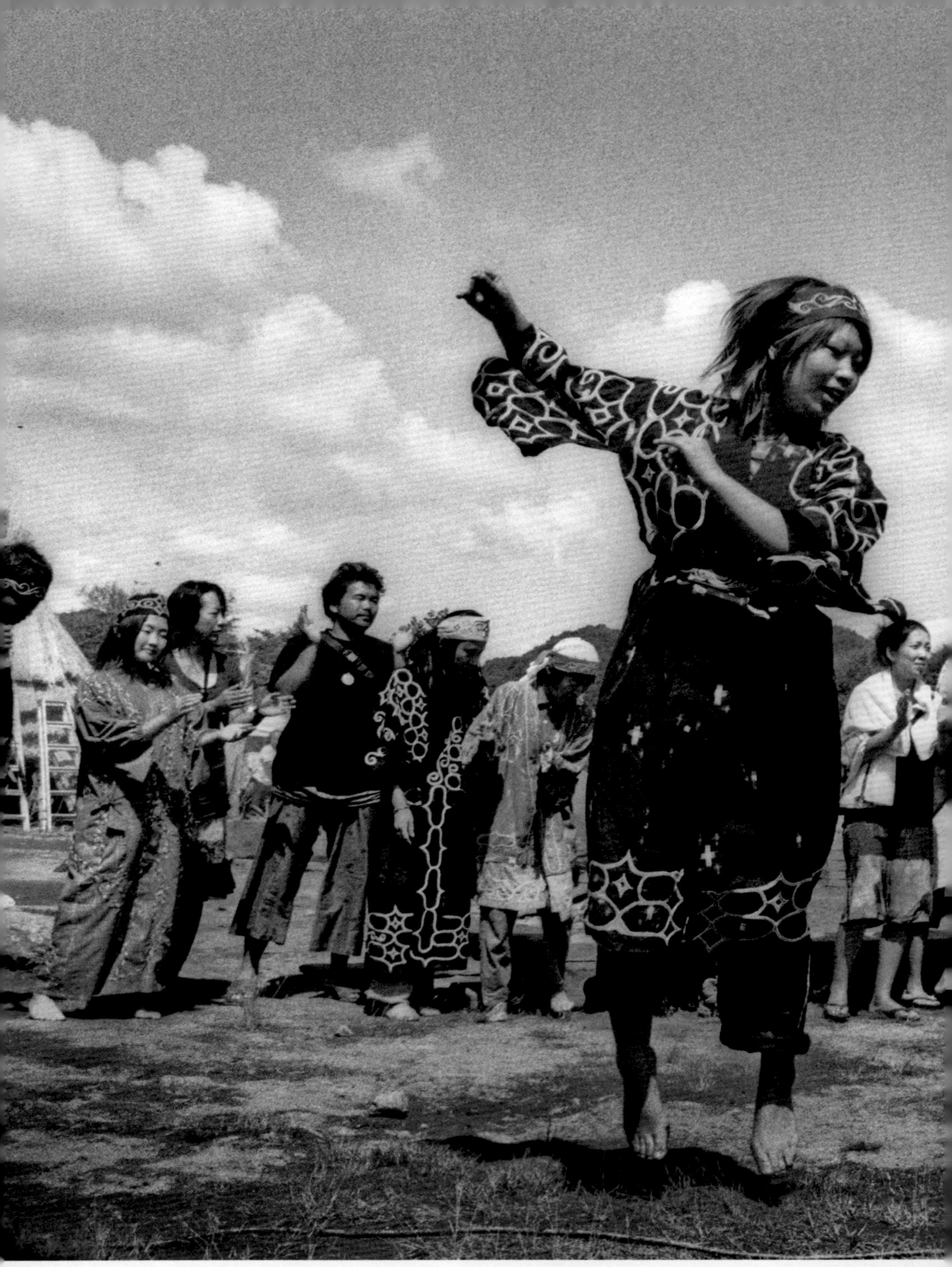

「一万年祭」参加者と一緒にポロリムセ(大きな輪の踊り)を踊る

平取町貫気別旭の河原からとれた化石

いじめなどで学校に行けなかった子たちを思い、
「一万年祭」では運動会も行われる

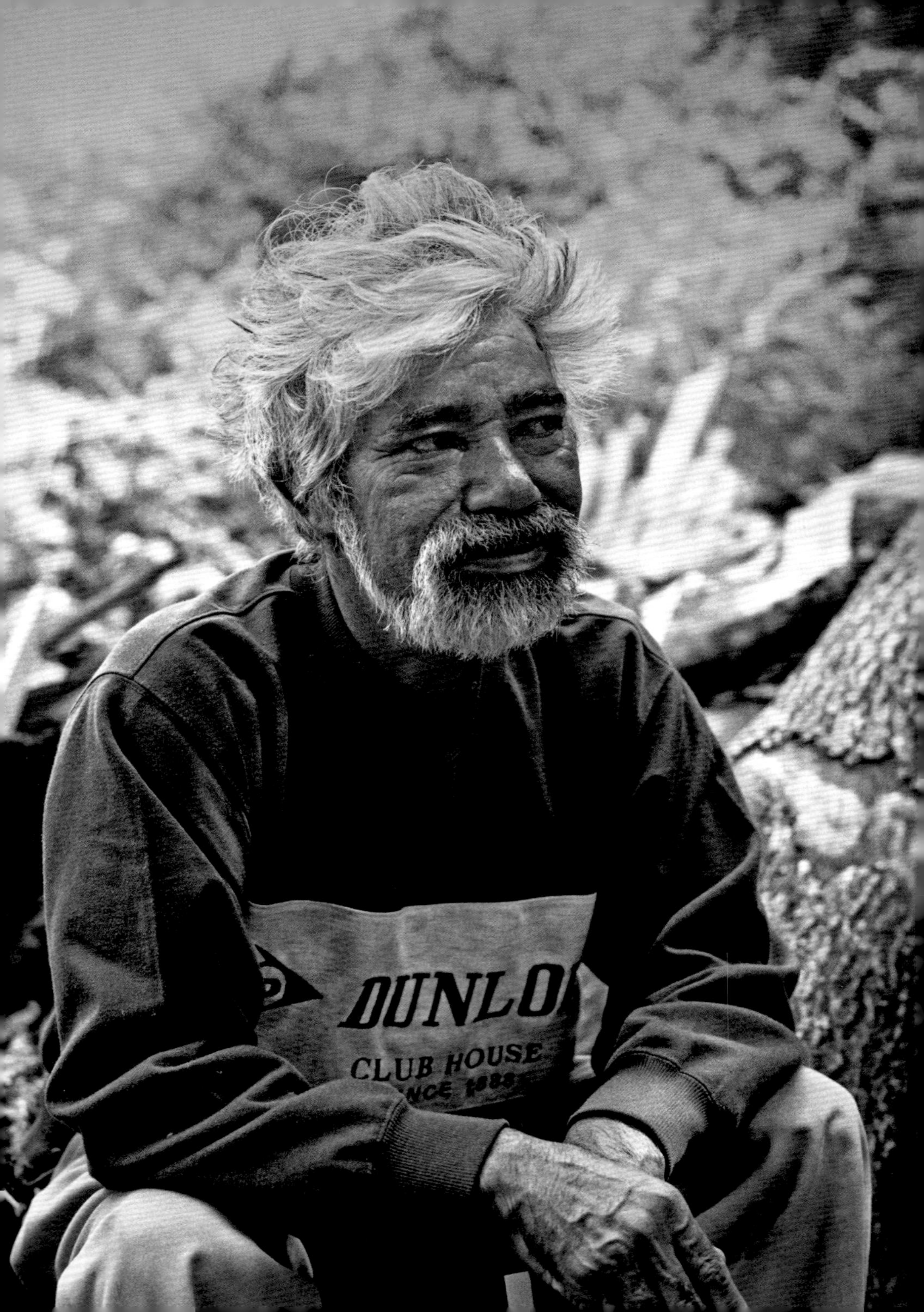
CLUB HOUSE

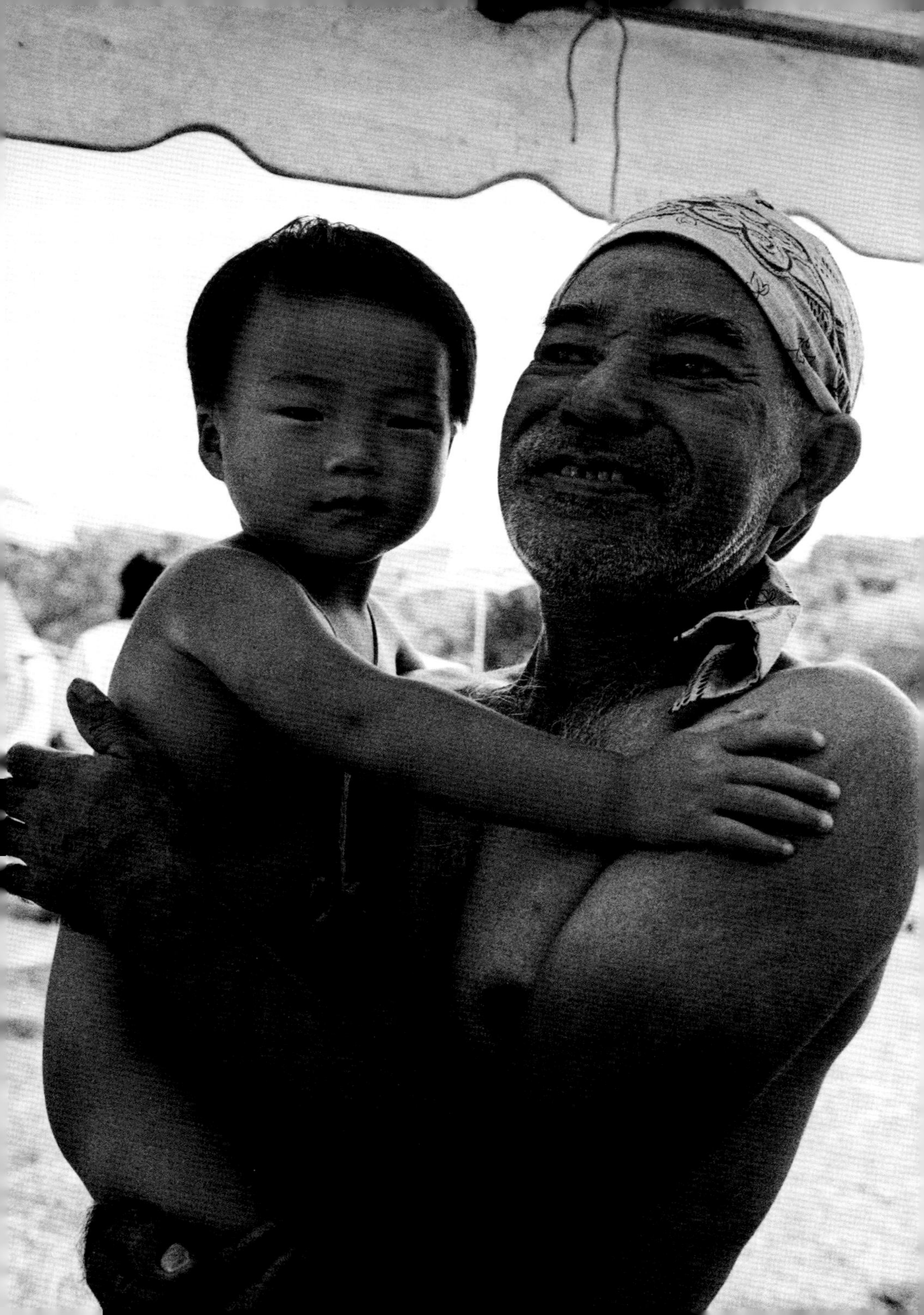

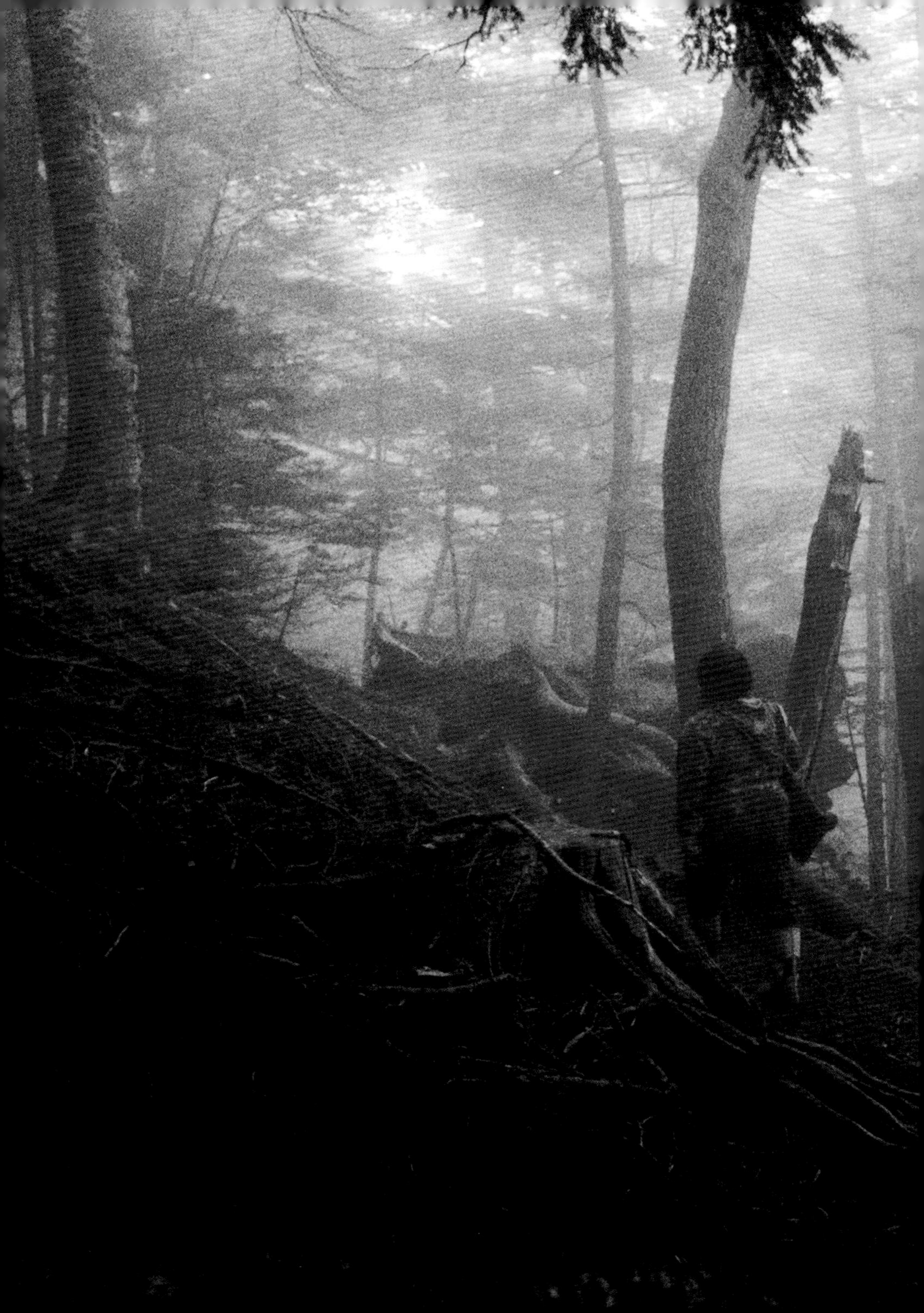

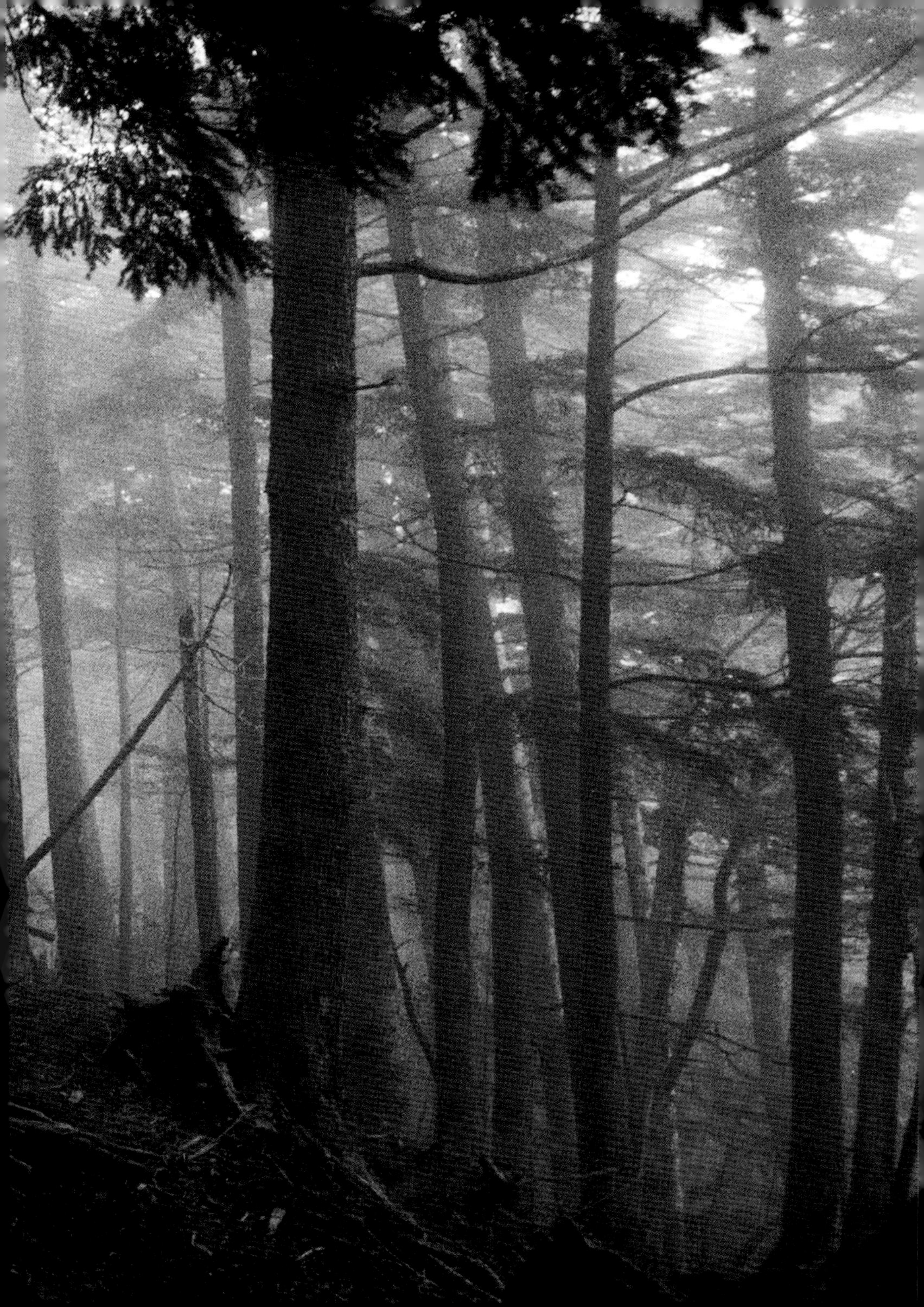

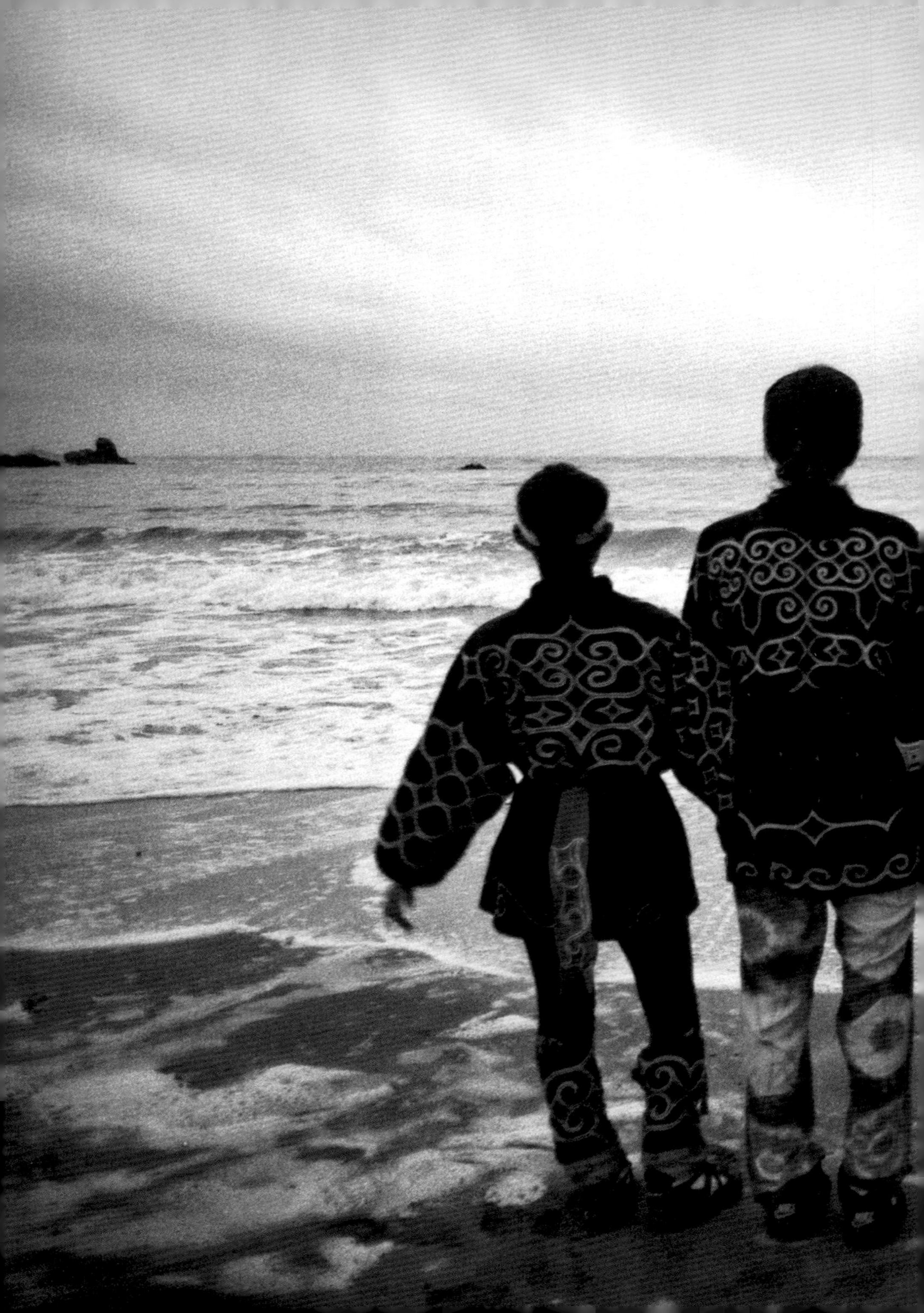

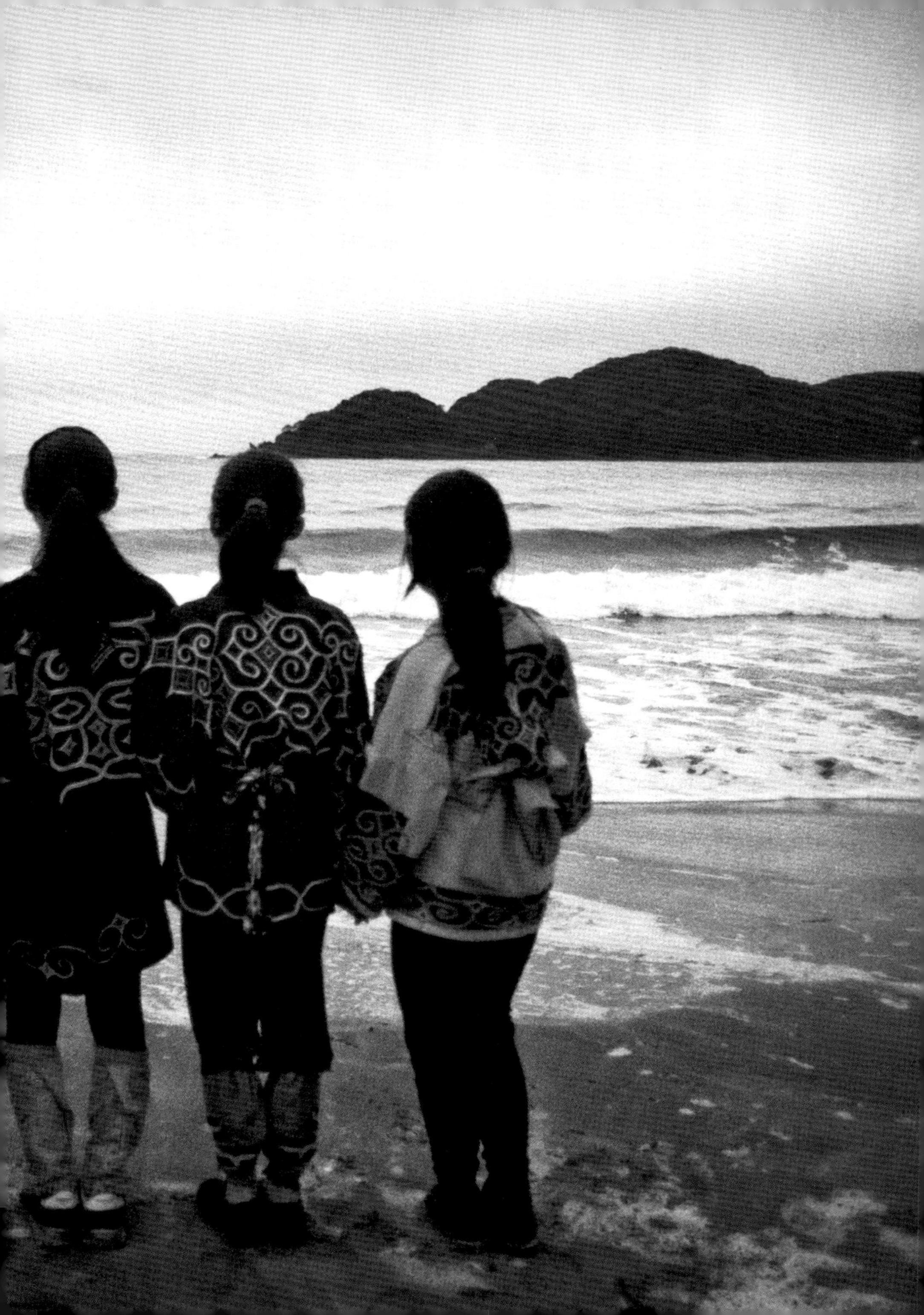

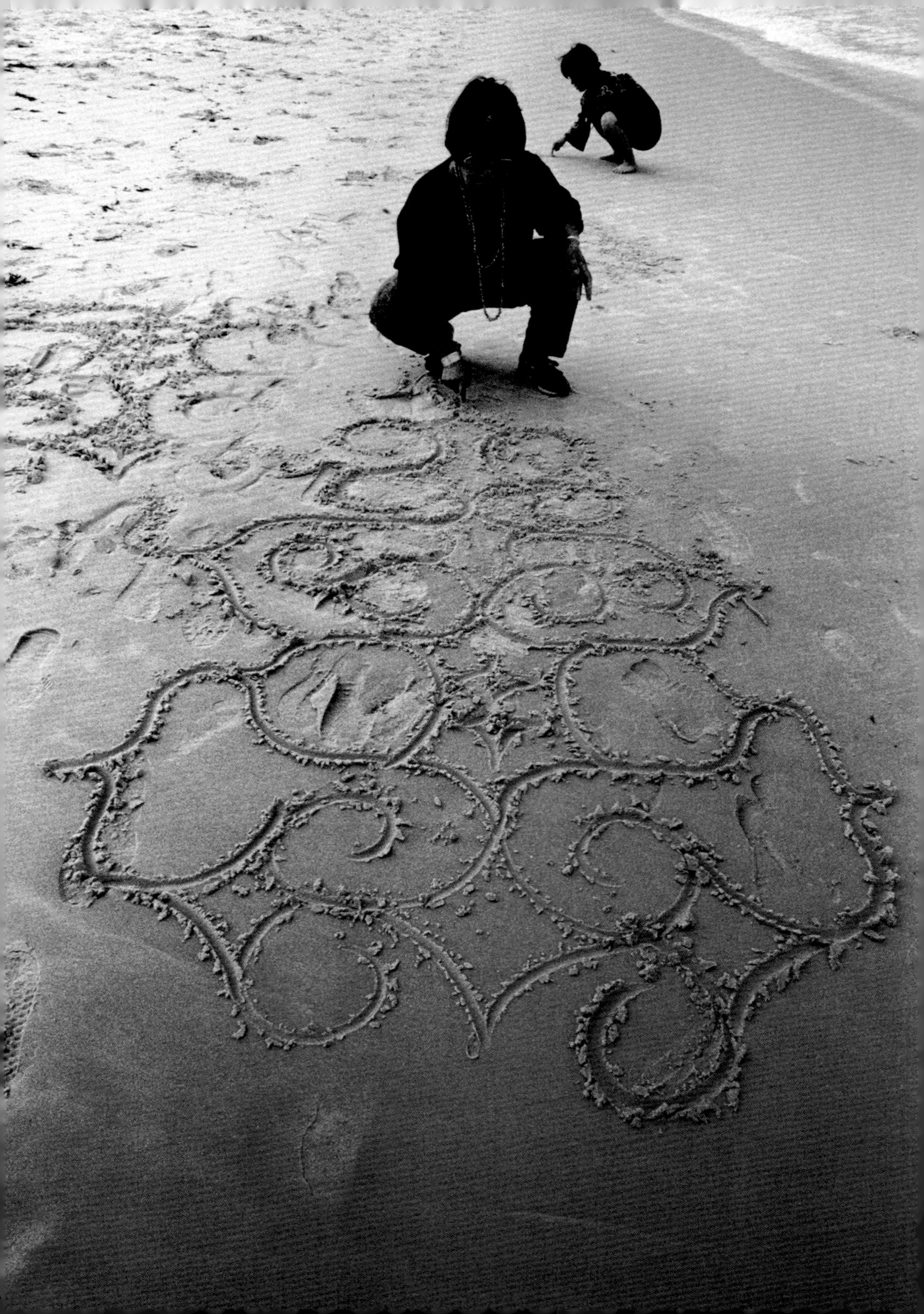

アイヌ民族は，かつては東北地方から北海道，サハリン（樺太），千島列島におよぶ広い範囲に住んでいた日本の先住民族です．今では，多くの人が北海道に住んでいます．

その北海道に大量の移住者が押し寄せた明治以来，日本政府はアイヌ民族に同化を強い，アイヌ語，独自の風習，生業を否定してきました．そして，アイヌ民族は，いわれなき差別を受けてきたのです．

そのため，現在では伝統的な儀式や歌や踊りの場以外では，日常生活の中でアイヌ語を使うことはほとんどありません．アイヌ語で自由に会話のできる人もわずかしかいません．

しかし，各地でアイヌ語教室ができるなど，改めてアイヌ語や歌や踊りを学ぼうという動きがあります．ただし，地域や社会的な環境によって違いはあるものの，アイヌ民族に対する差別はいまだになくなっていません．アイヌ民族であると名乗れない人びとがたくさんいます．

1997年に「アイヌ文化振興法」が制定されましたが，日本政府はアイヌを先住民族であると認めませんでした．2008年6月6日，やっとアイヌ民族を先住民族と認める国会決議案が採択されました．ですが，原案にあった重要な部分が削除され，謝罪の言葉もありませんでした．まだまだ，アイヌが自然にアイヌでいられる社会とはほど遠いと言わざるをえません．

The Ainu are an indigenous people that once lived in a large area of Japan, from the Tohoku region to Hokkaido, Sakhalin, and the Kurile Islands. Currently, most Ainu live in Hokkaido.

From the Meiji period when many emigrants entered Hokkaido, the Japanese government forced the Ainu to assimilate, denying them their language, customs, and livelihood. The Ainu were subject to unreasonable discrimination.

Because of this, Ainu people now rarely speak their own language in everyday life, except on the occasions of traditional ceremonies, singing, and dancing. There are very few people who can speak Ainu fluently.

However, there is currently a movement to learn Ainu language, singing, and dancing, and Ainu language classes have started in many places. Despite this, discrimination against Ainu still exists, although it varies according to the region and social environment. It is still difficult for many Ainu to openly state that they are Ainu.

Although the Ainu Cultural Promotion Act was passed in 1997, the Japanese government did not recognize the Ainu as an indigenous people. On June 6th, 2008, a resolution to recognize the Ainu as an indigenous people was finally passed. However, an important part of the original draft had been deleted, and there were no words of apology. It can only be said that society is still far from one where the Ainu people can freely be Ainu.

アシリレラさんと私──あとがきにかえて

　リハビリ室を覗くと，丸刈りがシルバーに輝く女性が必死に腕を上げ下げして動かしていた．
　「アシリレラさん……？」
　真っ黒で肩まであった髪がまったく変わっていたので，一瞬わからなかった．その3か月前，アシリレラさんは山菜採りの崖から20メートルも落ちて，ドクターヘリで運ばれたのだ．
　「目玉が飛び出すくらい，顔にひどい傷を負っている．今は会ってほしくない．命に別状はないから」
　そんな妹さんの言葉を受けて，すぐにでも飛んでいきたい気持ちを押さえていた．そしてその日，だいぶよくなったと聞いて，病院を訪ねたのだ．
　「どんな姿になっているのか……．どんな顔で会えばいいのか……」
　恐る恐る部屋の中を覗いたのだ．でも，アシリレラさんは綺麗だった．短髪も格好よかった！
　アシリレラさんが私に気づき，びっくりするぐらいしっかりした足取りで近づいてきた．後は2人とも言葉にならずに，泣きながらただただ抱き合った．2007年の夏，出会ってから15年の歳月が流れていた．
　退院してすぐ，毎年開催している「アイヌモシリ一万年祭」の時期がやってきた．もちろん体調は戻っていないし，左目はつぶれたまま．でも，アシリレラさんは主宰者として，6日間の会期中，毎日会場に詰めた．家族やスタッフが心配して休ませようとしても，聞き入れない．そのへんは本当に頑固なんだよね〜．
　後に左目の視力も戻り，節々の痛む身体をおして一緒にアメリカのアリゾナにも行った．若い頃，火事で大やけどを負ったというし，出会ってからも大病で大手術を受けている．「3度，死に損なった」と本人は笑っているが，びっくりする生命力だ．よかった，よかった．

＊

　1992年8月，新千歳空港からレンタカーを走らせた．出発から1時間半，地図を見ると，目的地の二風谷にだいぶ近づいたようだ．
　その1か月ほど前，雑誌をパラパラとめくっていると，アシリレラさんの文章が目に飛び込んできた．アイヌ民族の聖地だということのみならず，そもそも豊かな自然を破壊してしまう二風谷ダムの建設に反対だと，アシリレラさんは訴えていた．
　「川は人間で言えば血管．それをせき止めればどうなるのか——」
　この人に会いたいと思った．「二風谷を訪ねたい」という手紙を送ると，「すぐにおいで．泊まるところも心配しなくていいよ」と書かれた，レポート用紙を破いたような小さい紙で返信が来た．取材するとも撮影するとも決めないまま，とにかく二風谷に向かうことにした．
　その頃，アイヌ民族に関する本を読んだり，アイヌの人の講演を聞きに行ったりしていたが，現実のアイヌの人びととの暮らしぶりについてはまったく知らなかった．だから，レンタカーを運転しながら，「アイヌ民族らしい町並み」や「アイヌ民族らしい衣装姿」を期待していた．それは，「日本人は今でもちょんまげ姿で暮らしている」と考えるのと同じくらい，どうしようもない発想だということに気づかないままに……．
　国道沿いの真っ赤な看板が，二風谷に着いたことを教えてくれた．そこには，ごく普通の家並みがあった．Uターンするような角度で国道から右に折れて，山に向かって行くと，突然，茅葺きの大きな家が現れた．そこだけ，タイムスリップしたような空間．たくさんの人びとがひしめき合っていた．

　「山道康子さん（アシリレラさんの日本名）のお宅ですか？」と尋ねると，ドレッドヘアのミュージシャンぽい男性が，茅葺きの隣の建物を指して「奥にいるんじゃない？」．
　老若男女，服装もさまざま．まったく知らない世界に飛び込んだ気がした．じつはこの日は，アシリレラさんが主宰する「一万年祭」が終わった

ばかりで，出演者やスタッフが大勢来ていたのだ．

　かしこまって挨拶しようと身構える私に，アシリレラさんは大盛りご飯のお茶碗を手渡した．

　「まず，おなかいっぱい食べな！」

　そう言うやいなや，アシリレラさんはもう別の人と冗談を言って，ワッハッハッと大声で笑っている（これはその後，訪問者がやってきた時，幾度となく目の前で展開される光景となる）．

　夜，寝る段になって，「寝る場所をちゃんと確保しなよ」というアシリレラさんの声に見送られて，母屋の隣の茅葺きの家に向かった．しかし，出遅れた私が横になれるスペースはなかった．丸まって，皆の頭や足に囲まれて，寝た！　面喰らうことばかり……．

　数日経つと，人数も減って落ち着いてきた．それでも，つねに20〜30人が共同生活を送っているということがわかった．アイヌ文化に魅せられた人，アシリレラさんの人間性に惹かれた人，自分の居場所を求めてやってきた人……，集まったきっかけはさまざまだ．バックパッカーで大荷物を背負って歩いていたら，たまたま通りかかったアシリレラさんの車に拾われた人もいる．

　アシリレラさんは，実子のほかに，たくさんの子どもたちを里子や養子として育てていた．私の娘と同じ年頃の子どもたちが，クリムセ（弓の舞）を踊って見せてくれた．私がシングルマザーであることを知ったアシリレラさんは，「次は絶対，子どもを連れておいで」と言ってくれた．その言葉に甘えて，2回目以降は子連れで訪問となった．

＊

　みずからワンボックスカーを運転して，ダムの建設地，貴重な蝶の生息する山，カムイワッカ（神の水）と呼ばれる湧き水のある場所，伝統的なクワ（墓標）の残る墓地など，いろいろな場所へと案内してくれたアシリレラさん．その道すがら聞く，アイヌ民族がたどった（背負わされた）ひどい歴史，今も続く差別の話に，私は何も声を発することができなかった．けっして私を責めていたわけではないけれど，自分が侵略した側の"和人"

であることを意識せずにはいられなかった．それでも，重要なことを話す時にトーンの低くなるアシリレラさんの声を聞き逃すまいとして，耳をそばだてた．

　と，急に車が停まった．「あれは，○○に効く薬草だよ」「あの実を焼酎に漬けておくと，○○に効く」なんて話しながら，アシリレラさんは道端のそれらを採集．そんなことが何度も繰り返された．あふれ出る薬草の知識にまったくついていくことができず，私の頭の中は瞬く間に飽和状態となった．

　こうして，人として，写真家として身の置きどころを見つけられないまま，子連れの二風谷通いが始まった．多い時には，東京と二風谷を1年間に10往復もした．みんなでウポポ（歌）を歌ったり，伝統的な踊りを踊ったり，車座になって刺繍をしたり……．その輪の中に，娘も私も自然に迎え入れてもらった．共同生活をしている仲間が当番でやっている洗濯や食事の支度も一緒にやった．子どもたちの料理の腕はたいしたもので，11歳の子が数十人分のおかずをささっと作ってしまうのには，驚かされた．

　二風谷通いのおかげで，一人っ子の娘はとても鍛えられたと思う．私がけがをした時には，止血効果のあるヨモギを探してくるように育った．その娘も今年26歳になる．初めの頃の月1回ペースとまではいかないものの，私の二風谷通いは今でも続いている．

＊

　二風谷を訪ねる前，「アイヌの人たちは，カムイ（神）の存在を信じている」という文章を見て，実感が湧かなかった．自分自身は，日常生活の中で神の存在を考えることはない．

　アシリレラ・ファミリーの暮らしの中には，当たり前のように祈りがあった．何かを始める時，何かが無事に終わった時，皆で集まってカムイノミ（神への祈り）の儀式を執り行うこともあれば，一人で薪ストーブの火に向かって祈ることもある．「カムイ」を日本語に訳すと「神」になってしまうが，宗教で思い描く「神」とは違う，「人間の力のおよばない何か」

を指すのではないかと感じた．でも，アイヌにとっては，カムイは人間の上に立つ絶対的な存在ではないという．「カムイが間違った時は，チャランケ（とことん話し合う）するんだ」．

　何回かカムイノミの儀式に参加させてもらううちに，撮影する前に「どうか儀式がうまくいきますように．撮影することで妨げませんように．何か駄目な時は，何らかのかたちで教えてください」と，自然に心の中で唱えるようになっていた．

　ある日，こんなことがあった．小さな子どもがおぼつかない足取りでちょこちょこと走っていて，床に置いてあるコップに足をひっかけて水をこぼしてしまった．
　「あぁ，そこに水を飲みたいカムイがいたんだねぇ」
　アシリレラさんはやさしく言った．子育て中だった私は，そんな考え方に初めて接してちょっとびっくりしながらも，この世界観にすっかり魅せられた．
　物事が思うように進まず，やきもきしている私に，アシリレラさんはこう言ってくれた．
　「大丈夫．必要ならばうまくいくし，うまくいかなかったら，必要がないということだよ」
　頑張って頑張ってなんとかしようとしてきた，よけいな力がフッと抜けた．「人間の力のおよばない存在」を感じることで，人は謙虚に生きられるような気がする．

＊

　子どもたちのウポポ（歌）を歌う元気な声や，時にはアイドルグループの曲が流れ，喧嘩する者あり，慰める者ありで，じつに賑やかだった数年前までと違い，今のアシリレラ家はとても静かだ．成長し，多くの子どもたちが独立した．家庭を持ち，母になった娘たち，同世代の仲間たちとグループを作り，伝統的なアイヌの歌や踊りを掘り起こし演じる息子たち，刺繍作品を作り続ける娘たちなどなど，頼もしい！

その場に，娘とともに家族のようにいられたことに感謝します．
　ソンノ　イヤイライケレ！（本当にありがとうございます！）
　そして，これからもよろしく！

＊

　多くの皆さんのご協力でこの写真集を出版することができました．つねに貴重なアドバイスと激励をいただいた写真家の樋口健二先生，快く出版を引き受けてくださった新泉社社長の石垣雅設氏．編集の安喜健人氏には2年越しで編集作業に全力を傾けていただき，ロニー・ディンエバソン氏にはとても丁寧な英訳をしていただきました．末尾を借りてお礼申し上げます．

2011年2月

宇井眞紀子

＊アイヌ語には，日本語にはない発音があります．
　本書ではカタカナを借用して表していますが，
　「リムセ（**rimse**）」＝「踊り」，「エム_シ（**emus**）」＝「剣」のように
　子音の閉音節を小さな文字で表記しています．

Captions

2. *Sisirmuka* (Saru River), that flows in front of the village of Nibutani, Hokkaido.

4. A *nusa* (altar) in front of Asir Rera's house.

8. Asir Rera. Her name in Ainu means "new wind."

I Asir Rera and Children

9. In a corner of the mountains of Nibutani, Hokkaido, a place that seems to have slipped back in time. There stands a traditional thatched *cise* (house), and led by Yasuko Yamamichi (Ainu name, *Asir Rera*), men and women, young and old, from all across Japan and overseas, live a communal lifestyle while learning Ainu culture.

11. Embroidering an Ainu design.

22. A young girl dancing *ku rimse* (bow dance). The dance was originally for men.

26. After harvesting *piyapa* (millet), joking around and sticking it in his hair.

27. Practicing *upopo* (songs) at the Ainu language school that they built themselves.

28. *Heper ay* (ceremonial arrow).

29. Carrying a *saranip* (a bag woven from tree bark).

31. *Ku rimse* (bow dance).

40. A traditional thatched *poro cise* (large house), appearing beneath a starry sky on the night of a full moon.

42. Men making *inaw* (prayer sticks) to send to the spirits for *asirpanomi* (prayer for the new year).

44. *Tonoto* (rice wine), which is indispensable to *kamuynomi* (prayer to the spirits) and *icarpa* (memorial service to ancestors).

50. A ladle made from the leaf of a butterbur.

51. *Sisirmuka* (Saru River), which has watered the fields and villages and provided blessings to the people. The Nibutani Dam can be seen under construction in the back (May 1994).

52. The dam that destroys the sacred land of the Ainu people. 70 to 80 percent of the residents of Nibutani are Ainu, and is a region where the population density of Ainu is high even for Hokkaido. Carrying the wishes of everyone hoping to see the construction stopped, a small boat is released at the dam site (May 1994).

54. Asir Rera and others protesting against the Nibutani Dam (May 1994).

56. Protesting strenuously in front of Nibutani Dam, the day water retention began (April 1996).

58. "In a human being, the river would be a blood vessel. Don't stop its flow."
    An *inaw* (prayer stick) filled with prayers was erected on the riverbank, but in 1996 the dam was completed.

60. The reservoir of Nibutani Dam, filled with driftwood from the heavy rain of Typhoon #10. Plans for the Tomakomai Eastern Large-Scale Industrial Zone that was to use the water collapsed before the dam was made, and the meaningless dam becomes buried in silt (August 2003).

66. A *nusa* (altar) for a prayer festival to have a big catch of shishamo smelt.

69. Work is also assigned to the children. Children on dog-feeding duty.

72. Asir Rera, who raises many tens of children including her biological, foster, and adopted children, is everyone's "Big Mama," even to full-grown men.

76. Kitopiro (wild leek).

81. Asir Rera chatting as she *kaeka* (makes thread).

82. Pounding rice cakes before the New Year. On top of the large number of residents, the rice cakes are shared with many different places, keeping them pounding and pounding endlessly until it finally becomes night.

84. A place that seems to have slipped back in time. A group of *pon cise* (small houses) where the people lead a communal lifestyle.

90. Gathering various types of wild plants, including kitopiro (wild leek).

92. Dug up roots of *ikema* (swallow-wort). The roots are sliced, threaded with a black and white thread, and worn around the neck to ward off evil. They are also used for shamanistic rituals.

94. Butchering a deer. The children also watch closely, and receive the deer as food after giving thanks.

95. There are prayers and thanks in everyday life.

II   As an Indigenous Ainu

97. Asir Rera praying at Four Corners (United States). The place where uranium was mined. It was used in atomic bombs, and dropped on Japan. Many Hopi and other Native Americans were used as labor in the mining, and were exposed to the radiation.

98. Praying together with Native Americans at the sacred land of Sedona (United States).

100. An ancient forest in Tasmania (Australia) burned down with napalm and completely destroyed in order to plant trees useful in making woodchips to export to Japan.

102. South Korea, where her husband, who died young in a car accident 35 years ago, had his roots. Finally getting to visit, Asir Rera conducted a memorial ceremony for her husband in a traditional Korean style.

104. Indigenous elders from all over the world gather in northern Arizona (United States) and share their wisdom. Uqualla, a leader of the Havasupai people, gives a speech.

105. A journey of exchange with the Navajo people of the United States. At Monument Valley Navajo Tribal Park, which is administered by the Navajo. Imitating the shape of a boulder in the back.

106. Teaching about the *mukkur*, a traditional Ainu instrument, at a Navajo elementary school. The students learn both Navajo and English languages, and the computers include Navajo language as well.

108. An exchange with an Aboriginal elder in Tasmania.

110. Montezuma Well in Arizona, where the ruins of ancient Native Americans remain. Heading to a sacred spring after a sunrise ceremony.

112. Asir Rera being interviewed for TV in Korea.
   "I am thankful for the memorial service for my husband. However, within Japanese history, there are many spirits of Koreans in Japan that have not received a memorial. I hope to continue to lobby the Japanese government for recognition so that we can properly commemorate them."

114. A female leader of the Tasmanian Aborigines, explaining that "we are not extinct" while holding up a picture of Truganini (died 1876), who was said to be the last of the indigenous Tasmanians.

115. Participants dancing as one in the evening sun following a ceremony (Arizona).

116. Asir Rera, learning a Tasmanian Aboriginal dance.

118. With Jim Everett, a leader of the Tasmanian Aborigines.

120. In Arizona.

III   Living in Nibutani

121. The Yamamichi Ainu Language School in Nibutani.

124. A *kamuynomi* (prayer to the spirits) ceremony. Heading towards the *nusa* (altar) outside the door to offer prayers.

125. Together with a carving he made.

127 (Top Left). *Sito* (dumplings), which are indispensible to ceremonies.

127 (Top Right). *Ohaw* (soup with many ingredients).

127 (Bottom). Wild plants, freshly picked.

129. An Ainu-style wedding ceremony. The bride presents the groom with a *matanpus* (headband) she embroidered, while the groom presents the bride with a *menoko-maikiri* (woman's dagger) he carved.

130. The couple was born from among those sharing the communal life. As their godmother, it is a time of great joy.

132. The traditional instrument *mukkur* (mouth harp). It is said to be originally used to express the sounds of nature or one's feelings to their beloved.

134. Dancing *emus rimse* (sword dance) inside the *poro cise* (large house). The dance is a warning never to fight again.

136. *Inawke* (making *inaw*, prayer sticks).

137. Making a mugwort doll to exorcise evil spirits.

140. Changing the thatches of the *poro cise* (large house).

142. Building the *pon cise* (small house). House-building is an opportunity to feel once more the wisdom of the forebears.

143. Tanning the hide of a bear.

144. *Menoko-kuwa* (female grave marker). Traditional graves such as these are now very few. Many have been replaced by regular gravestones.

145. A bear that was shot and abandoned was brought in. A ceremony is quickly arranged to send the bear's spirit back to the land of the gods.

147. Offering prayers to *ape-huci* (fire spirit).

148. Ainu forcibly relocated during the Taisho era on account of the War Horse Imperial Stock Farm, built in Niikap at the beginning of the Meiji era. After crossing the mountains, they arrived at Nukibetsu Asahi, Biratori-cho. Every August, the "10,000 Year Festival" is held at that location, not only for the Ainu, but for oppressed peoples all around the world.

Asir Rera, the organizer, implores, "10,000 years ago, all people were the children of gods, and the land was *urespa mosir* (land where all things grow helping each other). Due to their greed, humans have killed and stolen from each other, repeating a history of blood and destruction. Let us return to our origins of 10,000 years ago."

150. Dancing *poro rimse* (big circle dance) together with participants of the "10,000 Year Festival."

152 (Bottom). A fossil found along the riverbank in Nukibetsu Asahi.

153. An athletic meet is also held at the 10,000 Year Festival for children who were not able to go to school due to bullying.

The words of Asir Rera

73.
Let us return to a time where we were children of the gods.
Let us live as the soul of human beings.

75.
Everything of this earth was made for all living creatures.
There is nothing that is only for humans, or for countries.

77.
When you pick [a plant], leave the roots.
Do not pick only from the same place.
Pick only what you need.

79.
Humans were given *itak* (words) from the gods.
We were given this to protect the Earth.
Do not forget to pray and give thanks.

98.
"Protecting nature" is an absurd thought.
Humans are a part of nature, and we are kept alive by nature.

100.
We should do away with national borders, not draw any boundaries between people, and get rid of being controlled by countries.
As long as countries exist, wars will occur.

◉ 装　幀
犬塚勝一

◉ ことば
アシリレラ

◉ 英字翻訳
W・ロニー・ディンエバソン
（アイヌ・プライド・プロダクションズ）

◉ 製版ディレクター
丹野　学
（萩原印刷）

An Ainu Portrait: Asir Rera
by Makiko Ui

Published by Shinsensha, Inc., Tokyo, 2011.

Photographs and captions: © Makiko Ui
The words of Asir Rera: © Asir Rera
Translation: W. Lonnie Ding-Everson (AINU PRIDE PRODUCTIONS)
Print director: Manabu Tanno (Hagiwara Printing Co., Ltd.)
Cover design: Syouichi Inuzuka

著者紹介

宇井眞紀子（うい・まきこ）

1960 年，千葉県生まれ．写真家．
1983 年，武蔵野美術大学卒業．
1985 年，日本写真芸術専門学校卒業．
樋口健二氏に師事，写真家としてフリーランスで活動を開始．
1992 年よりアイヌ民族の子連れ取材を始める．
2012 年，第 28 回写真の町東川賞特別作家賞受賞．
2017 年，第 1 回笹本恒子写真賞受賞．
写真集『アイヌ，100 人のいま』(冬青社，2017 年)
　　　『アイヌときどき日本人』(社会評論社，2001 年，増補改訂版 2009 年)
　　　『ASIR RERA』(新風舎，2004 年，絶版)
　　　『眠る線路』(ワイズ出版，2003 年)
日本写真家協会会員．
日本写真芸術専門学校講師，武蔵野美術大学非常勤講師．

アイヌ，風の肖像

2011 年 5 月 15 日　初版第 1 刷発行
2018 年 5 月 15 日　初版第 2 刷発行

著　　者＝宇井眞紀子
発行所＝株式会社 新 泉 社
東京都文京区本郷 2－5－12
振替・00170-4-160936 番　　TEL 03(3815)1662　FAX 03(3815)1422
印刷・製本　萩原印刷

ISBN 978-4-7877-1007-9　C0036

新泉社●ノンフィクション

西浦宏己 写真・文

アイヌ，いま．
──北国の先住者たち

Ａ５判・288頁・定価2200円＋税

『沖縄・与那国島』をはじめ数々の著作がある写真家が，北海道のアイヌ住民の集落を訪ね歩き，その暮らしぶりの取材と聞き書きを行った記録．12万の文字と60葉の写真でとらえ，アイヌ民族の風俗や生活のありようを豊かに語りかける．1984年の初版以来，重版7刷のロングセラー．

西浦宏己 写真・文

アイヌ，いまに生きる

Ａ５判・254頁・定価2400円＋税

『アイヌ，いま．』から13年．エカシ（長老）やフチ（媼）が育んできた精神世界を無意識のうちに受け継ぎながらも，日本人としての教育を受けて育ち，日本人的感覚とアイヌの民族意識の狭間で微妙に揺れ動いている若者たち．若い世代の生き方を通して，アイヌの現在を語りかける．

松浦範子 文・写真

クルディスタンを訪ねて
──トルコに暮らす国なき民

Ａ５判変型上製・312頁・定価2300円＋税

「世界最大の国なき民」といわれるクルド民族．国境で分断された地，クルディスタンを繰り返し訪ねる写真家が，民族が背負う苦難の現実と一人ひとりが生きる等身大の姿を文章と写真で綴った出色のルポルタージュ．池澤夏樹氏ほか各紙誌で絶賛．全国学校図書館協議会選定図書

松浦範子 文・写真

クルド人のまち
──イランに暮らす国なき民

Ａ５判変型上製・288頁・定価2300円＋税

クルド人映画監督バフマン・ゴバディの作品の舞台として知られるイランのなかのクルディスタン．歴史に翻弄され続けた地の痛ましい現実のなかでも，矜持をもって日々を大切に生きる人びとの姿を，美しい文章と写真で丹念に描き出す．大石芳野氏，川本三郎氏ほか各紙で絶賛．

中川喜与志，大倉幸宏，武田 歩 編
クルド学叢書

レイラ・ザーナ
──クルド人女性国会議員の闘い

Ａ５判・368頁・定価2800円＋税

徹底した同化政策がとられてきたトルコで，禁止された母語で議員宣誓を行ったためにテロリストとして逮捕，死刑求刑され，10年間を獄中に囚われたトルコ初のクルド人女性国会議員．彼女の闘いの半生，事件の全容を立体的に見つめ，クルド人問題の本質とは何かを考察する．

木村 聡 文・写真

千年の旅の民
──〈ジプシー〉のゆくえ

Ａ５判変型上製・288頁・定価2500円＋税

伝説と謎につつまれた〈流浪の民〉ロマ民族．その真実の姿を追い求めて──．東欧・バルカン半島からイベリア半島に至るヨーロッパ各地，そして一千年前に離れた故地とされるインドまで．差別や迫害のなかを生きる人々の多様な"生"の現在をとらえた珠玉のルポルタージュ．

八木澤高明 写真・文

ネパールに生きる
──揺れる王国の人びと

Ａ５判変型上製・288頁・定価2300円＋税

ヒマラヤの大自然に囲まれたのどかな暮らし．そんなイメージと裏腹に，反政府武装組織マオイスト（ネパール共産党毛沢東主義派）との内戦が続いたネパール．軋みのなかに生きる人々の姿を気鋭の写真家が丹念に活写した珠玉のノンフィクション．全国学校図書館協議会選定図書